Sous la direction de Colette Gouvion

FEMMES

GEO
SOLAR

10 *les femmes* et l'amour

Pascale Senk

Elles revendiquent la jouissance mais les interdits religieux ou culturels persistent, l'excision n'est pas éradiquée. La liberté d'aimer est là mais le spectre du sida l'accompagne. Le sexe est associé au plaisir mais aussi à l'abomination, le viol, la prostitution. Le couple, même s'il n'est plus perçu comme éternel, reste un modèle idéal, au centre des désirs ; un choix qu'il faut encore pouvoir faire, ce qui n'est pas le lot de millions de femmes... Autant d'histoires de cœur et de corps, parfois tissées de clichés que vient démentir la réalité.

42 *les femmes* et le travail

Sylvie Schweitzer

Combien de régressions pour quelques améliorations ? Mondialisation et émigration ont engendré un sous-prolétariat féminin, plus exploité et aux conditions de vie plus précaires encore que chez les hommes. L'inégalité des salaires, la difficulté à émerger des emplois subalternes, la charge d'assumer à la fois les tâches familiales et son emploi persistent. Dans le même temps, l'instruction progresse ; partout, des femmes s'organisent, se syndiquent, fondent des coopératives, inventent... Et même dans les pires cas de condition salariale des effets positifs peuvent poindre.

82 *les femmes* et la maternité

Joëlle Kauffmann-Brunerie

Celles qui sont nanties contrôlent leur fécondité, vivent une grossesse réfléchie et surmédicalisée puis accouchent dans les meilleures conditions. Celles qui sont défavorisées la subissent, mettant parfois leur vie en péril, et continuent de subir le joug des traditions. Comment combler l'abîme ? Les organisations non gouvernementales sont insuffisantes, les politiques d'État souvent absentes. Tout repose sur les réseaux féminins, les seuls qui puissent, sur les lieux mêmes, informer et former. Une certitude s'impose néanmoins : l'instinct maternel existe bel et bien.

les femmes dans la tourmente 122

Leila Sebbar

Massacrées, enlevées, violées, émigrées contraintes aux fuites hallucinées : dans les bouleversements collectifs, les femmes sont toujours les victimes collatérales des conflits incessants. Sans compter, de par le monde, toutes celles qui sont affamées, contaminées par le sida, excisées. Et dans les détresses individuelles, les prisonnières, les prostituées vendues par les réseaux mafieux viennent s'ajouter au plus sombre des tableaux.

les femmes et la parure 156

Françoise Gründ

Déjà pratiqués dans les premières sociétés, les rites de la parure s'attachent à révéler la beauté naturelle du corps – les cheveux, la peau, les lignes – ou à la sublimer par des parfums, des étoffes, le maquillage, les bijoux, les tatouages, les scarifications ou les incrustations, obéissant, selon les époques et les cultures, à des critères différents. Bien au-delà de l'envie de séduire, s'affirme ainsi l'appartenance à une religion, une ethnie, un clan, un groupe social... Derrière les images, les signes magiques et rituels se décryptent.

les femmes dans l'action 194

Colette Gouvion

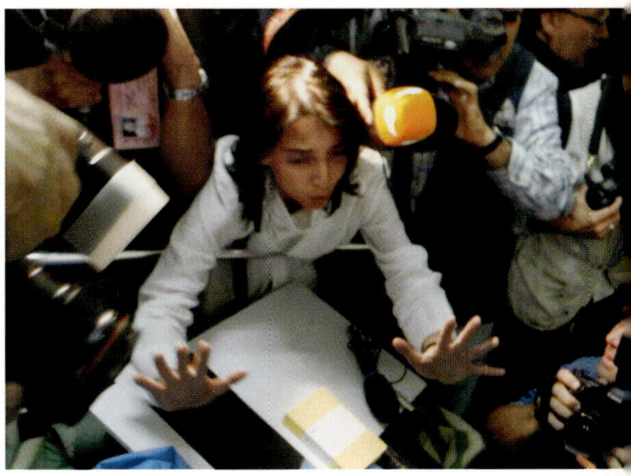

Parties à l'assaut des métiers réservés jusqu'alors aux hommes, elles sont devenues cosmonautes, conductrices de poids lourds, architectes, menuisières, chirurgiennes, scientifiques, ministres, voire chefs d'État... Elles sont entrées en politique, dirigent des entreprises ou courent victorieusement les mers. Mais elles ne sont aujourd'hui encore qu'une minorité, en dépit, globalement, d'un niveau d'instruction et de formation en hausse. Pour la parité, ce n'est qu'un début, le combat continue.

Regards croisés

Elles sont ici, page après page, images qui serrent le cœur, interrogent, émeuvent, parfois font sourire. L'amoureuse occidentale embrassant fougueusement son compagnon et la jeune épouse swahili dont le mari, quand il lève le voile du lit nuptial, n'a jamais vu le visage. La paysanne malgache courbée vers le sol et l'ingénieur turque dirigeant un chantier de travaux publics. L'Hindoue si fière de son fils et la jeune mère cambodgienne paumée dans un squat de Bangkok. L'ouvrière russe et la biologiste éthiopienne. La Britannique à la coiffure extravagante et la Jordanienne jouant de son voile frangé. La militante politique birmane et la cosmonaute française. Qu'ont-elles en commun ? Elles sont femmes. Femmes comme plus d'un sur deux des habitants de notre planète, près de 3 milliards, dont 84 % vivent dans les pays en voie de développement, de l'Amérique du Sud à l'Afrique, du Sud-Est asiatique au fin fond de l'Asie, et une toute petite minorité de 16 % dans les sociétés avancées d'Amérique du Nord ou d'Europe. Femmes telles qu'elles sont en ce début de IIIe millénaire. Côte à côte. L'Occidentale et l'Africaine. L'Indienne, l'Hindoue, la Chinoise et les autres. Regards croisés sans préjugés ni concessions, pour les percevoir dans leur infinie diversité, avec ce qui les unit et ce qui les sépare.

Si ces milliards de femmes en effet aiment, travaillent, enfantent, se parent, si beaucoup trop souffrent, si quelques-unes prennent leur destin en main, de profondes lignes de faille passent entre elles. Non seulement entre une région et une autre du globe, mais souvent à l'intérieur d'un même pays, plaçant une minorité sur le même méridien de la modernité, et à l'opposé, les oubliées du progrès, millions de femmes d'Afrique subsaharienne, d'Asiatiques, de Sud-Américaines, sur celui du dénuement, dernier cercle de l'enfer. Il y a plus de points communs entre une informaticienne de Delhi et sa collègue de Londres qu'entre la même informaticienne et sa compatriote du Gujarât, analphabète, récoltant la canne à sucre. Coutumes exceptées, religion mise à part, cette dernière vit la même misère que sa contemporaine travaillant la terre dans les Chiapas, en Chine ou en Éthiopie. Pour quelques-unes, le monde commence peut-être à ressembler à un village planétaire. Mais pour toutes les autres, bien loin de l'illusion cosmique, il est toujours un puzzle de contrastes qui, parfois même loin de s'estomper, s'accentuent entre les riches et les pauvres, les modes de vie et les comportements que déterminent les conditions économiques, les traditions, les religions, la culture, le milieu familial d'origine.

Bien que de cent manières, ces femmes aux multiples visages vivent cependant, au long de leur existence, des phases dont on pourrait dire qu'elles sont celles de l'éternel féminin, si l'expression n'était devenue désuètement condescendante. Ce sont celles que nous avons choisi de privilégier, en les éclairant par le commentaire d'une auteur choisie pour sa familiarité avec le thème concerné et son empathie pour ses semblables, connaissance et cœur conjugués. La journaliste Pascale Senk parle d'amour, la sociologue Sylvie Schweitzer du monde du travail au féminin, Joëlle Kauffmann-Brunerie, gynécologue, réfléchit sur la maternité, l'écrivain Leila Sebbar évoque les multiples aspects de la tourmente et Françoise Gründ, spécialiste des cultures du monde, raconte la parure. Dans chacun de ces chapitres, à l'intérieur du thème même, se confrontent des situations différentes. Ici, des abîmes sont mis en lumière. Là, se cristallisent des points de convergence. Et là, des différences de comportements, de coutumes, que les Occidentaux ont une fâcheuse tendance à juger selon leurs propres critères, invitent bien plus à la réflexion qu'à la critique.

Ainsi, l'amour n'a pas le même sens pour les Américano-Occidentales « libérées », en quête d'épanouissement, ou pour les 60 % de femmes africaines, musulmanes du Maghreb ou du Moyen-Orient, chinoises, hindoues, etc., dont les mariages sont encore arrangés, organisés par les clans, les familles, les castes. Mais les amours occidentales sont loin d'être toujours heureuses. Et tous les mariages arrangés ne sont pas des enfers. Les homosexuelles assument leurs affaires de cœur. Et, sur la Terre, au pôle Nord comme dans les îles du Pacifique, il y a autant de rites amoureux que d'ethnies. De la même façon, la parure, qui, elle, n'a rien de tragique, incite à l'ouverture aux coutumes et aux mœurs des sociétés traditionnelles. Une Surma d'Éthiopie, avec un labret incrusté dans la lèvre, peut être une reine de beauté pour les siens, et l'élégance d'une cliente de grand couturier européen paraître bien terne aux femmes pedi du Kenya dont les costumes de parade ne sont que somptueux tissages de perles. En outre, ces parures traditionnelles, porteuses de sens, constituent des signes d'appartenance ethnique, des marqueurs de tel ou tel état – jeune fille, épouse, mère –, des preuves de richesse, des ornements rituels, propitiatoires.

Le travail met en évidence des situations complexes, parfois dramatiques, et de profondes inégalités. Les unes, avec raison, se battent pour une vraie parité entre hommes et femmes, pour l'accessibilité à toutes les professions, pour l'égalité des salaires, les possibilités de promotion. Elles y ajoutent, désormais, une revendication tout à fait justifiée elle aussi : de meilleurs équipements pour la garde des enfants et, plus encore, une évolution des mœurs. Force en effet est de constater qu'elles travaillent toujours dans un environnement institué par et pour les hommes, et assument toujours la quasi-totalité des tâches domestiques et de la responsabilité des enfants. Les autres, la majorité, assurent vaille que vaille leur vie ou, pire encore, leur survie, avec la masse des emplois non qualifiés, la montée du chômage, les contrats temporaires, le temps partiel imposé. En Russie, par exemple, où le bilan était plutôt positif sous le régime soviétique, la situation s'est gravement dégradée. Il faut aussi évoquer l'agriculture qui, dans nombre de pays en voie de développement, fait des paysannes les serves des temps modernes, ou encore la condition des émigrées, venues grossir les rangs du sous-prolétariat planétaire.

Derrière cet état du travail se profile un autre problème brûlant, celui de la scolarisation et de la formation professionnelle. Internet, nouvelle panacée qui doit pallier tous les manques, n'est accessible qu'à moins de 1 % des femmes dans la majorité des pays d'Afrique, du Moyen-Orient ou dans les anciens régions asiatiques de l'ex-Union soviétique. Si les avancées sont incontestables dans nombre de régions, il demeure que la scolarisation y reste précaire, tandis qu'elle a régressé là où les conflits, la récession économique, le repli des associations internationales en font un luxe que bien peu peuvent se permettre. Or l'enjeu est d'importance vitale, non seulement pour les femmes elles-mêmes mais pour leurs enfants. Toutes les observations démontrent que plus elles sont instruites et informées, mieux elles maîtrisent leur fécondité, mieux elles prennent soin de leurs bébés. Une étude menée en Afrique subsaharienne démontre qu'un an de scolarité de plus pour les filles se répercute de telle sorte qu'il fait baisser de 10 % la mortalité des moins de 5 ans. Mais 600 millions de femmes dans le monde sont analphabètes.

La maternité, qui en semble le pendant, avec les mêmes abîmes entre les nanties et les démunies, donne un tableau assez semblable à celui qu'offre le travail. Bien sûr, presque toutes les mères ont le même amour, le même dévouement, les mêmes gestes doux pour leurs bébés, leurs techniques pour en prendre soin. De tendres et joyeuses images le montrent.

Mais pour les unes, maternité signifie maîtrise de la fécondité, grossesse bien suivie, parfois surmédicalisée, alors que des millions d'autres ignorent jusqu'au sens du mot contraception, et que des milliers, faute de soins appropriés, perdent la vie en la donnant, ou voient mourir les enfants qu'elles ont mis au monde : au Mali, au Soudan, en Bolivie, en Afghanistan, un enfant sur cinq meurt avant 5 ans.

Les pages qui évoquent les femmes dans la tourmente, victimes de la misère, des guerres, des conflits ethniques, des exodes, des famines, du sida qui prend des proportions inquiétantes en Chine, en Russie et en Inde, les plus de 100 millions de victimes de l'excision renvoient à l'intolérable. Plus intolérable encore, qu'il faille ajouter aux calamités collectives les détresses individuelles : les prisonnières, reléguées de la société dans de dures conditions, qui parfois accouchent menottées, les pauvres corps vendus sur le marché florissant de l'internationale de la prostitution, avec son chiffre d'affaires en milliards de dollars.

« Les femmes dans l'action » ramène l'espoir. S'y côtoient des exemples d'engagement social ou politique, synonymes souvent d'un extrême courage, et des réussites d'accomplissement personnel, synonymes d'une inaltérable ténacité. Derrière ces figures de proue se profile la petite légion des obscures, des exploitées, des malmenées qui commencent à sortir de l'ombre. Ces femmes en action démontrent que, si, dans bien des cas, rien n'a beaucoup changé au cours de la dernière décennie voire s'est aggravé avec la paupérisation exponentielle, les conflits incessants, l'émergence d'un fondamentalisme musulman exacerbé qui tend à ramener la condition féminine à la seule fonction de reproductrice ou d'objet sexuel, quelque chose cependant bouge : les femmes elles-mêmes. Comme ces musulmanes qui osent s'exprimer et se battre pour leur droit à la liberté. Comme ces homosexuelles qui prennent leur place au soleil. Comme ces Indiennes, ces Africaines, ces Hindoues qui s'organisent en réseaux contre la malédiction de l'excision, la contamination par le sida, la malnutrition, le manque d'équipements médicaux, l'exploitation, pour l'instruction.

Les militantes féministes occidentales ont encore une longue tâche devant elles. Faire avancer leurs revendications, bien évidemment. Mais aussi, peut-être, cesser de s'opposer en courants divergents dans des controverses occidento-occidentales, de ne juger parfois les situations qu'à l'aune de leur propre état, décidant que ce qui est bon pour elles l'est pour les autres, au lieu d'aider celles qui sont encore à l'écart de la modernité à décider elles-mêmes de ce qui d'abord leur importe.

Ce livre n'a pas été conçu dans le but de théoriser sur la cause des femmes. Simplement de décrire des situations qui posent question. De les faire comprendre et d'inciter à y réfléchir, entre objectivité et émotion. Nous l'avons voulu tel un caillou jeté dans l'eau, générant des ondes qui vont s'élargissant. Si tel est le cas, il ne sera pas inutile.

Colette Gouvion

les Femmes et l'amour

Pascale Senk

Pascale Senk aime les voyages, les idées nouvelles et l'écriture. Elle a été reporter sur France Inter et sur Radio France Internationale, notamment dans l'émission « Les unes les autres », le magazine des femmes du monde entier. Depuis dix ans journaliste à Psychologies magazine, *elle y est spécialisée dans les sujets société, nouvelles thérapies, spiritualité. Elle est aussi l'auteur de plusieurs essais sur les dépendances à l'alcool, à la drogue, ou dans le couple, et sur l'énergie féminine selon la philosophie taoïste. Elle possède le rare talent de traiter tous les sujets touchant à l'amour et à la sexualité sans faux-fuyants mais sans jamais choquer. Voilà qui convenait parfaitement à ce dont il est question ici : l'amour.*

Un métro pour Cythère

Face à face, yeux dans les yeux, indifférents à tout ce qui n'est pas eux : le métro de Montréal est, pour un bref moment, le refuge d'une idylle. Partout, les amoureux ont l'art de se créer, dans les transports en commun, des bulles de solitude à deux. Ils s'y retrouvent, car généralement ce n'est pas là que leur duo a commencé mais bien plutôt chez des amis, à des fêtes, sur leur lieu de travail ou d'études, dans la pratique de leurs activités de loisirs et désormais sur Internet : la drague sur la toile se pratique de plus en plus.

Est-ce parce que leur corps l'appelle de façon irrésistible ? Est-ce parce que tout en elles – parole, hormones, seins, regards – exprime un puissant désir de contact avec l'Autre ? Peut-être. En tout cas, et c'est un lieu commun de le dire, l'amour reste la grande affaire des femmes.

Elles le portent au ventre, et depuis la nuit des temps, si l'on en croit la grande journaliste scientifique Natalie Angier. « Nous aimons parce que nous faisons partie d'une espèce qui élève ses petits », résume-t-elle. Les femmes ont donc la garde de cet amour, il est un trésor qu'elles se transmettent de génération en génération.

Paysannes dans les déserts du Caucase, intouchables au Bangladesh ou *wonder women* à New York, toutes tissent donc des histoires de rencontre et d'union. Toutes s'échinent à vivre cet amour qui les habite et qui devrait trouver son expression dans une sexualité libre et naturelle. Mais elles le font chacune à leur façon, avec les tabous et les règles qu'impose, parfois avec violence, l'endroit du monde où elles sont nées. En cette matière sensible comme en beaucoup d'autres, les différences sont criantes.

Pour des millions de femmes du tiers-monde et des pays en voie de développement, l'amour c'est avant tout la rencontre sexuelle visant à la reproduction. Comment sont-elles initiées à cette étape essentielle de leur vie ? Dans toutes les régions du monde où l'on cherche à implanter la contraception, les cours d'éducation sexuelle et le dialogue avec des professionnels de la santé tiennent lieu de formation. Depuis l'année 2000, la BBC World Service diffuse ses programmes d'éducation sexuelle dans toute l'Afrique. Une voie de connaissance pour toutes celles qui ne peuvent aborder ces questions avec leurs proches, encore moins avec leurs partenaires.

Dans de nombreuses contrées, l'ignorance demeure. Ainsi, 32 % des Philippines ont déclaré n'avoir aucune connaissance sur leur sexualité. Seules quelques enclaves encore protégées du reste de la planète ont à cœur de « former » de façon pratique les jeunes filles. Dans l'océan Pacifique notamment, en Micronésie, l'amour s'enseigne au même titre que la cuisine ou l'agriculture. C'est la grand-mère qui initie sa petite-fille prépubère aux techniques sexuelles, ablutions et caresses qui feront d'elle une femme à part entière.

Une question hante probablement l'esprit des filles du monde entier : « À quoi, à qui ressemblera-t-il ce garçon qui viendra déchirer mon hymen ? » Et comment se passera cette « première fois » ? La jeune Indienne, promise dès l'âge de 7 ans à un héritier de même caste que la sienne et qu'elle ne connaîtra pas avant le jour de son mariage, doit sûrement y penser. La jeune Irlandaise, fan de Britney Spears, de piercing et de clips où abondent messages érotiques et poses suggestives, aussi. Sa connaissance précoce des choses de l'amour la poussera-t-elle à devenir femme avant toutes ses sœurs du Yémen ou d'Irak qui, elles, doivent préserver leur virginité jusqu'au mariage ?

Une récente étude sur le sujet a beaucoup surpris. Elle montrait que, malgré la grande libéralisation des mœurs, malgré la précocité des Lolita occidentales, l'âge moyen du premier rapport sexuel est encore de 17 ans dans nos pays. C'est un peu plus tôt que pour les générations précédentes, bien sûr, mais pas aussi prématuré que les apparences auraient pu le laisser penser, et certainement moins tôt que dans les pays où les femmes sont contraintes à se marier très tôt : au Ghana ou au Mali, c'est à 15 ans que les filles doivent abandonner leurs rêves d'amour pour basculer dans la réalité des corps et des chairs.

Tout cela, bien sûr, concerne essentiellement le corps. Mais pour le cœur, la tête, le projet de vivre avec l'homme, comment les femmes se préparent-elles ? Malgré des années de féminisme et d'autonomisation, les Bridget Jones occidentales se débattent encore avec un rêve de prince charmant. Souvent, elles le rencontrent dans un environnement qui leur ressemble, au travail ou dans leur milieu d'origine. Mais elles sont de plus en plus nombreuses à devoir chercher cette perle rare, leur *alter ego* amoureux, sur Internet ou dans des clubs de rencontre. La femme seule, « célibattante » autonome mais en quête de partenaire, est devenue un personnage incontournable de nos pays modernes. Elle nous ferait presque oublier ces millions de femmes qui, sous d'autres horizons, n'ont malheureusement pas à se poser le problème du choix d'un partenaire. 60 % des mariages dans le monde sont encore arrangés, organisés par les clans, les familles, les castes. Dans tous ces cas, la femme n'a aucun mot à dire. Elle doit se plier et ne pas rompre.

Comment toutes les filles devenues femmes, choisies ou ayant du mal à choisir, imaginent-elles l'amour au quotidien ? Le couple, tous horizons confondus, reste la combinaison dominante dans le monde, même si la polygamie, encore pratiquée dans une grande partie de l'Afrique et de l'Asie, jusqu'en Chine, oblige des millions d'épousées à devoir partager les faveurs économiques et sexuelles de leur homme avec d'autres femmes. Le mariage demeure incontournable pour la majorité des femmes, qu'il soit passage obligé, comme au Maghreb ou en Inde, ou support de rêve comme en Occident où on l'imagine « d'amour ». Là, la robe blanche, le sacrement à l'église, les serments échangés pendant une cérémonie inoubliable, dessinent encore « le plus beau jour de leur vie » d'une majorité d'Occidentales. 300 000 jeunes Françaises ont prononcé le « oui » fatidique l'année passée. Qu'est-ce qui a vraiment changé alors pour toutes ces femmes amoureuses ? Leur revendication du plaisir sexuel. Depuis trente ans environ, les femmes des pays modernes ont fait exploser la carte du Tendre en déclarant l'orgasme obligatoire. « Pas de véritable union sans vie sexuelle épanouie », clame avec force la jeune femme d'Occident. Toutes les lois du couple s'en trouvent ébranlées. Mais deux grandes ombres viennent noircir le projet extatique des femmes : d'une part, l'arrivée du sida, qui depuis 1980 est venu réfréner les envolées sexuelles de millions de jeunes « libérées » ; d'autre part, la mutilation pure et simple qui, de l'autre côté du monde, entrave tout espoir de jouissance. La femme africaine, notamment, est violemment privée de sa part de plaisir. En 2000, elles étaient 140 millions à avoir subi l'excision, et ce taux va malheureusement toujours en augmentant. Étrange équation : quand les femmes du Nigeria ou du Yémen sont contraintes à l'union sans plaisir, les femmes d'Occident sont décidées à ne plus s'en contenter et n'hésitent pas, s'il le faut, à faire exploser leur couple.

Dans les pays où il est autorisé, le divorce est devenu presque banal, et le plus souvent demandé par les femmes : 60 % des cas, par exemple en Australie. Les principales causes des ruptures sont la mésentente sexuelle et l'infidélité. Le message est clair : pas question de voir le sentiment amoureux broyé par les contraintes du quotidien, pas question de n'être pas satisfaite par son partenaire, pas question d'abandonner le rêve romantique d'un homme « que j'aime et qui m'aime » semblent dire les femmes d'Occident. Mais elles ne sont pas les seules. En 1997, en Chine, près de 2 millions de divorces ont été prononcés, ce qui indique une augmentation vertigineuse en vingt ans.

L'exigence d'une union libre et pleinement satisfaisante contaminera-t-elle peu à peu le monde entier ? Car, avec toute l'ardeur qu'elles y mettent, et malgré tous les obstacles que des tabous culturels, des législations archaïques et certains hommes mettent sur leur route, les femmes inventent aujourd'hui de toutes nouvelles façons d'aimer. Ainsi, l'homosexualité féminine est tolérée dans une majorité de pays. Y compris en Inde, en Birmanie. En certains endroits, elle est en voie d'institutionnalisation. Dans l'archipel de Hawaii, cinquantième État américain, des mariages de lesbiennes ont lieu chaque jour sur les plages de l'île, au moment du coucher de soleil...

La libéralisation s'accompagne d'un éclatement des structures du couple. Au jeu de l'amour et du hasard, les Occidentales peuvent désormais essayer toutes sortes de combinaisons : concubinage, PACS, vie commune à mi-temps... En ayant dissocié la vie amoureuse de la reproduction, elles se sont donné les moyens d'explorer de toutes nouvelles formes de relations à l'homme. Aujourd'hui, elles affirment même pouvoir séparer vie sexuelle et sentiments. Mais le plus grand changement est discret. Il se fait à l'intérieur même du couple. En ayant acquis son autonomie financière, la femme s'est ouvert une porte : celle de l'autonomie affective. Elle apprend désormais à vivre une relation vraiment égalitaire avec l'homme, une union soudée dans laquelle chacun trouve son espace personnel de liberté et d'épanouissement. Apprendre à aimer sans posséder ni être possédée par l'autre, rien de moins.

À long terme, quel effet aura sur les jeunes filles du Ladakh la rencontre avec des couples de *treckkers* occidentaux qui s'embrassent tendrement au beau milieu de leur village ? Quels gestes amoureux apprendront les jeunes Indiennes, elles qui sont si douées pour surfer sur Internet et découvrir les sites de tous horizons ? Dans les lieux où elles sont privées d'information et de liberté, les femmes continueront sans doute à ne pas pouvoir aimer de façon naturelle. Mais on peut légitimement penser que la circulation des êtres, des idées et des images, aujourd'hui si dense et de plus en plus accessible, fera son travail d'émancipation. De leurs traditions et de leurs coutumes, les femmes alors garderont ce qui nourrit vraiment leur cœur. Mais toutes sortes de nouveaux comportements amoureux se répandront dans le monde et ébranleront les structures archaïques inutiles. Comme des vers dans la pomme. La pomme d'Ève, évidemment.

Hamac berceur de tendre sieste

À Oaxaca de Juàrez, bien loin de l'indéchiffrable maelström de Mexico, l'air est juste assez tiède pour que les siestes s'y imposent, délicieuses quand elles se font à deux, dans le bercement langoureux du hamac. Cependant, si tout le Mexique populaire suit passionnément, à la télévision, les *novelas* sentimentales, aime les histoires d'amants au cinéma et s'emplit les oreilles de chansons où il est souvent question des douleurs de la passion et de la séparation, la manifestation du sentiment amoureux en public reste pudique, loin du culte sensuel des corps sur les plages brésiliennes par exemple. Il existe en outre une différence sensible de comportements entre les grandes villes, où les mœurs, en quelque sorte, se mondialisent, et les petites cités ou les campagnes, beaucoup plus réservées, d'autant que le poids du catholicisme demeure considérable. Si l'on incite les jeunes hommes à user tôt, et librement, de leur virilité, pour nombre de jeunes filles, le début de la vie sexuelle coïncide avec le mariage. Conséquence : 22 % des femmes mariées mexicaines ont moins de 20 ans.

Regards croisés à l'instant des premiers émois

À la fin de l'adolescence, les jeunes Occidentaux font leurs premiers pas dans le labyrinthe du Tendre. Chez les filles, il est rare que la démarche soit purement sexuelle. Elles ont besoin d'être amoureuses. Les jeunes gens affichent plus de cynisme mais la romance n'est pas, loin s'en faut, exclue de leurs premières histoires de cœur et de corps. En outre, le risque de contracter le sida et la contrainte d'utiliser des préservatifs ont amené à la constitution de couples stables, sans être durables pour autant. Une enquête de l'Institut national d'études démographiques sur l'âge des premières relations sexuelles a montré récemment que les jeunes Françaises ont presque rattrapé les plus délurées des Européennes, celles de l'Europe du Nord : 17,5 ans pour les premières, 16,5 ans pour les secondes. La situation est à peu près la même dans tous les pays d'Europe à forte tradition égalitaire, ainsi qu'aux États-Unis, et la vie sexuelle nettement déconnectée du mariage. En revanche, cette « révolution sexuelle » est encore peu sensible dans les pays latins ou très catholiques, comme la Pologne.

PARURES DE FLEURS POUR DES PRÉLIMINAIRES LUDIQUES

Fondé par les récits des premiers explorateurs ou des missionnaires, le mythe de la liberté sexuelle en Polynésie s'ancra dans les années 1960 avec le succès fracassant du livre de Margaret Mead, *Mœurs et sexualité en Océanie*. L'anthropologue, après quelques mois passés à Samoa, faisait une description exaltée de cette liberté. Un peu plus tard, une contre-expertise démontra que l'auteur, militante féministe, confondant désir et réalité, avait en l'occurrence mieux servi la cause des femmes que celle de sa discipline. Le mythe a fait long feu. Reste cependant que, traditionnellement, les Polynésiens considèrent la quête du plaisir comme l'une des choses les plus naturelles et ludiques qui soient.

BIJOUX ET CHANTS POUR OUVRIR LA COUR D'AMOUR (PAGE SUIVANTE)

Épaule contre épaule, ils se frôlent et chantonnent, d'abord doucement, puis de plus en plus vite, comme s'exacerbe le désir. C'est le *tabim het*, cour d'amour rituelle des Mendi de Nouvelle-Guinée. Une case spéciale abrite collectivement les nouveaux couples. Son sol est couvert d'un édredon de flocons de cannes à sucre mâchées. Quand le moment sera venu, ils s'y étendront et feront ardemment l'amour. Et ils auront beaucoup d'enfants.

L'invite à l'orgie des prostituées sacrées

La roue tourne, offrant au regard d'étranges pèlerins les prostituées sacrées, femmes et travestis, du temple de Saundatti, au sud de l'Inde, dans l'État de Karnataka. Cette tradition est théoriquement interdite mais persiste. En échange d'une offrande dédiée à la déesse Yelamma, à son époux et à son fils, elles s'offrent aux fidèles dans une bacchanale proche de la transe. En pratiquant ce *maithuna* (coït salutaire), le dévot, souvent de haute caste, progresse vers la sainteté. Les prostituées sont, elles, le plus souvent des intouchables qui, théoriquement, accèdent ainsi au statut d'« épouse divine » et sortent de leur condition misérable. Mais la réalité est sans doute plus trouble. Selon l'anthropologue Jackie Assayam, les fêtes de Saundatti servent d'alibi et de cadre à une prostitution qui n'a plus rien de sacré. Il estime que 6 000 jeunes filles pauvres y seraient vendues chaque année à des réseaux de proxénètes.

Sous les parapluies, le grand jour des mariées tsiganes

À Plovdiv, en Bulgarie, la communauté tsigane célèbre la fête des époux, cérémonie collective de mariages. Elle est désormais entérinée par l'Église, sous condition que les mariés se déclarent consentants. On peut considérer cela comme un progrès majeur puisque les filles, qui doivent obligatoirement être vierges le jour de leurs noces, contrairement à des clichés trop répandus sur leur apparente liberté sexuelle, sont souvent mariées très jeunes – certains disent vendues – et que l'époux est choisi par leur famille sans qu'elles aient leur mot à dire. Elles rejoignent en cela 60 % des femmes de par le monde. La plupart des pays ont adopté les résolutions des Nations unies fixant un âge minimum pour le mariage et rendant obligatoire le consentement des époux. Mais la pression sociale et le poids des traditions sont tels que beaucoup d'épousées sont « consentantes » parce qu'elles n'imaginent pas ou n'ont pas d'autre choix.

Esquisse de dialogue pour entamer une vie de couple

À Pune, Maharashtra, la cérémonie va commencer. La fiancée amorce la conversation. Comme dans 90 % des cas en Inde, son union a été négociée par les familles. Même si les inclinations romantiques y existent comme partout, le mariage est une affaire sociale bien trop sérieuse pour laisser l'amour en diriger le cours. Cela ne signifie pas forcément l'enfer. Les Occidentales des sociétés développées ont, sur ces situations, le regard de leur propre culture. Il est certain que celles-ci cachent souvent une vraie souffrance : la même que connurent nombre de nos aïeules, dans des temps pas si lointains, où le sentiment n'avait pas de paragraphe prévu dans les contrats nuptiaux. Mais ni en Inde, ni dans les pays musulmans ou africains, ces unions ne sont forcément vouées à l'échec. La complicité, l'entente sexuelle, la présence des enfants, les difficultés partagées créent souvent dans ces couples des liens aussi solides – parfois plus – que les mariages d'amour faits et défaits par la passion. « En Occident, dit-on en Inde, les sentiments précèdent le mariage ; chez nous, ils en découlent. » Sagesse ou résignation ?

Avec une valse, le langage des corps

Ils tournoient, charmants, dans une guinguette au bord de l'eau. La nostalgie est ce qu'elle est. En France, ces guinguettes sont à la mode. Elles renvoient les cinéphiles à la valse chaloupée où l'amour s'embrase entre Casque d'or (Simone Signoret) et le beau Manda (Serge Reggiani). Mais cette mode cache un phénomène bien moins connu. Si, dans les années 1920, deux rencontres sur trois étaient conclues au bal, surtout pour les milieux populaires, alors que ce n'était plus le cas que d'un couple sur dix dans les années 1980, la danse n'a pas pour autant quitté la scène amoureuse. Les boîtes, les fêtes privées ont pris la relève, et elle y demeure un rite d'approche privilégié. Explication des sociologues : le langage des corps est plus immédiat que l'échange verbal, souvent un peu laborieux dans les débuts. Et si le test n'est pas satisfaisant, on peut aisément rompre le contact.

Avec un baiser, le désir et le plaisir

Baiser fougueux échangé par deux jeunes Allemands peu soucieux d'intimité. D'où vient ce baiser sur la bouche, langues mêlées, spécialité occidentale, que le reste de la planète trouve indécent ou même répugnant ? Bien des psy et des sexologues lui ont trouvé une explication. Selon l'un, Gérard Cahen, c'est un acte primaire à lire comme une métaphore : on se nourrit de l'autre, on se l'approprie, ce serait une forme de possession. Selon un autre, Robert Gellmann, la langue figure le pénis et la bouche, le vagin. L'espace d'un instant, les sexes s'inversent. Il s'agit donc bien d'un acte profondément sexuel, et c'est pourquoi, conclut ce sexologue, il a, pendant des siècles, été proscrit de la scène publique. Ce qui n'empêcha nullement Louise Labbé d'écrire, au XVIe siècle, dans ses *Sonnets* : « baise m'encor, rebaise moi et baise, donne m'en un de tes plus savoureux, donne m'en un de tes plus amoureux, je t'en rendrai quatre plus chauds que braise ». Elle n'était pas psy mais femme...

La nuit du dévoilement de l'épouse

Elle attend, voilée, sur le lit nuptial. Son mari soulève le rideau semé de jasmin. Dans quelques secondes, il verra son visage, sans doute pour la première fois, comme dans la plupart des cas. Les noces chez les Swahili, musulmans répartis dans plusieurs régions de l'Afrique de l'Est (ici à Lamu, au large des côtes kényanes), ne sont pas une mince affaire. D'abord, la famille de la jeune fille choisit le prétendant et négocie le montant des sommes, dot et donation, qu'il devra verser. Les accords conclus, on prépare la fiancée, à laquelle une femme expérimentée, la *Somo*, enseigne l'art de satisfaire son mari. Durant les deux ou trois jours qui précèdent les noces, elle est recluse dans sa chambre, puis on la fait désirable : massée, parfumée au santal, tatouée au henné. C'est enfin la première nuit, commencée par un jeu. L'homme dépose un collier dans la main de l'épousée puis tente de le reprendre. Qui a gardé le collier aura, dit-on, la haute main sur le couple. Ils vivront sept jours d'intimité avant de retrouver le quotidien.

Au bord de l'eau, des apparences de liberté

La plage, les jeux, les corps dévêtus, il n'en faut pas plus pour se rencontrer, flirter ou plus si affinités. Ce n'est cependant pas ici la sensualité explosive de l'Amérique du Sud ou des Caraïbes, mais le sage pique-nique d'étudiants estoniens. Après des années de boisseau soviétique, ces jeunes gens n'ont qu'une envie : consommer, se libérer des contraintes, savourer l'existence. Les garçons et les filles photographiés ici, d'origine russe, sont moins estoniens que les autres, même s'ils constituent 50 % de la jeunesse. Leur vie amoureuse est soumise à une triple influence : celle de leurs proches voisins Finlandais, d'une liberté de mœurs proche de celle des Suédois, les images qui leur viennent d'Europe occidentale ou des États-Unis, et les séquelles d'une éducation soviétique pudibonde où les débordements de la passion amoureuse n'apparaissaient pas comme politiquement corrects mais dont les jeunes Russes s'émancipent rapidement.

Musique, vodka et grande parade, un mariage tsigane

Pour décrié qu'il soit, le mariage demeure tout de même, d'un bout à l'autre de la Terre, l'une des institutions les plus stables qui soient, presque toujours célébré selon des rites que respectent les sociétés traditionnelles, et que réinventent ou empruntent ailleurs les mariés ayant rompu avec les coutumes de leurs aïeux. Pour les Tsiganes, ici en Bulgarie, pas question d'en faire un événement anodin. Il entérine une alliance. Il permet de faire état de sa richesse réelle ou supposée. Ingrédient indispensable : une voiture aussi rutilante que possible. Ailleurs que chez les gitans, des statistiques font apparaître d'assez grandes différences dans le nombre de mariages officiellement célébrés chaque année. Par exemple, à Cuba, 17,7 pour 1 000 habitants, 9 aux États-Unis ; les taux les plus bas, autour de 4, se situent en France, en Italie, en Irlande et en Scandinavie.

Robe blanche, mariée chic, modèle occidental importé

Par les magazines et plus encore les télévisions, les images circulent plus vite que les idées. Elles introduisent des modes qui, classiques ici, paraissent délicieusement novatrices, voire exotiques ailleurs. Effet peut-être d'une mondialisation n'ayant, en ce cas, rien d'économique, le mariage en robe blanche des Occidentales – qui, elles, préfèrent parfois se marier en sari, en boubou ou en robe mexicaine – fait fureur chez les Asiatiques. Il est très chic à Hongkong, devenu un *melting-pot* d'Extrême-Orient et d'Occident. Mais il est plus coté encore au Japon, où l'on voit des couples se marier deux fois, l'une selon leur rite ancestral, l'autre au moins pour le film souvenir, en habit et robe blanche. Certaines familles fortunées vont même plus loin : elles louent à prix d'or, souvent en Touraine ou en Ile-de-France, de somptueux châteaux où se rejouent des épousailles à la française, avec traîne, voile et falbalas.

AU SOLSTICE D'HIVER, UN FESTIVAL D'AMOUR À DEUX TEMPS

Environ 5 000 Kalash de l'Hindu Kuch, au nord du Pakistan, maintiennent dans ce fief de l'islam leurs traditions chamanistes. Dans le village de Kalashgrum, ils célèbrent ici leur singulière fête de Chomos, exaltation de l'amour et de la fécondité, qui d'ailleurs, par glissement sémantique, n'est plus appelée fête mais festival. Ce sont d'abord les filles qui entrent en lice et chantent des litanies d'insultes à l'intention de leurs pareilles du village voisin. Puis hommes et femmes se lancent des obscénités et des défis sexuels. L'excitation verbale monte. À la fin de la session, les femmes prennent des vêtements masculins et les hommes des vêtements féminins. On atteint au paroxysme de l'orgie verbale, le désir est allumé mais réfréné : tout le temps que durent ces démonstrations, le contact charnel est interdit. Puis vient, à peu près vers le solstice d'hiver, le jour des sacrifices et des ripailles. Au nom de l'amour, une centaine de chèvres sont égorgées au temple de Sajigor. Enfin, les couples peuvent se reformer et vivre leur nuit la plus frénétique de l'année.

En rouge et blanc, une mariée atypique et décidée

Accroche-cœur sur le front, maquillage style institut de beauté, robe sexy mais candide voile blanc : cette mariée somalienne a délibérément opté pour une tenue occidentale. Coquetterie ou manifeste ? Les femmes de ce pays, qui ont supporté les pires conflits pendant des années, ont été au premier plan des efforts de paix. Elles commencent, indifférentes aux luttes claniques, à émerger comme force sociale et politique. Leur lutte est dure à mener contre toutes les violences dont elles font l'objet, les tabous qui les mettent en condition de subordination par rapport aux hommes, l'islam omniprésent. Le choix de s'affirmer libre, d'être différente dans une circonstance aussi importante que le mariage est plus lourd de signification qu'il pourrait y paraître.

En coiffe de cérémonie, une mariée hiératique et pudique

Ses proches l'entourent, elle baisse les yeux. L'idée ne lui serait probablement pas venue de porter autre chose que le costume traditionnel des mariées ladakhies. Voilà encore quelques décennies, elle aurait probablement épousé en même temps plusieurs hommes, souvent frères. Dans l'environnement paysan difficile du Ladakh, la polyandrie évitait la dispersion des terres familiales. En revanche, certains aspects de la vie conjugale qui l'attend ont de quoi faire rêver les plus ardentes féministes : si les hommes semblent en position dominante, les tâches sont indistinctement attribuées à l'un ou l'autre sexe. Mieux encore, en langue ladakhie, un seul mot, *kho*, signifie indifféremment « il » et « elle ».

ROBERT
STEERS
FIRE

Havre insolite pour échange passionné

Où les jeunes Américains vivent-ils leurs premières expériences sexuelles ? Pour la plupart, leurs confidences le racontent, cinéma et littérature y font la part belle : sur la banquette arrière d'une automobile. Il en est cependant de plus imaginatifs, ceux-ci par exemple, qui ont trouvé dans le port de New York l'île déserte pour échanger de tendres baisers. Sans doute la banalisation de la psychanalyse aidant, les citoyens des États-Unis ne cachent-ils (presque rien) de ce qu'ils font ou ne font pas. Leur éducation sexuelle débute vers 11,5 ans ; ils commencent à avoir entre 12 et 14 ans des rendez-vous qui n'ont rien de platonique, puisque toutes les pratiques y ont leur part, à l'exception d'une seule, l'ultime, pour laquelle ils attendent 16 ou 17 ans, alors que les jeunes Européens vont moins loin dans les préliminaires mais plus directement au but. 54 % des hommes de 18 à 44 ans affirment penser au sexe chaque jour, voire plusieurs fois par jour, mais se situent dans une moyenne qui n'a rien de torride : de 100 à 129 rapports par an. Quant aux Américaines, elles sont bien plus tièdes : 67 % n'y pensent que quelques fois par semaine ou par mois, et 46 % estiment qu'une nuit d'amour ne vaut pas une bonne nuit de sommeil.

À CHAQUE CIVILISATION SES CÂLINS PARTICULIERS

Un couple esquimau, tendre et charmant. Sous la capuche, elle lui mordille l'oreille, et cela a autant de sens pour eux qu'un baiser buccal. Selon son mode de vie, ses croyances, ses interdits, chaque groupe humain développe ses propres codes amoureux. Si les Esquimaux ne s'embrassent pas sur la bouche, il y a à cela une raison technique : les femmes, traditionnellement, réservaient leur langue à l'attendrissement des peaux. Même aspect d'hygiène dans certaines traditions africaines où, avec leur bouche, les femmes nourrissent et parfois peaufinent la toilette des nouveau-nés. Les Papous considèrent le bouche-à-bouche comme un peu simplet. Pour eux, il y a bien plus de plaisir à mordiller les cils de sa partenaire. Les Mongols se reniflent. « Normal, explique une ethnologue, c'est une imitation du monde animal dont ils sont si proches. » De plus, en Mongolie comme dans une grande partie de l'Asie, la bouche est perçue comme un vecteur de l'âme et du souffle vital. N'y aurait-il pas risque, avec le baiser, à la laisser s'échapper ? Que l'on se mordille, que l'on s'effleure, que l'on se renifle, cela relève toujours de la même fonction : des préliminaires qui passent, joliment, par des gestes de tendresse.

Manifester en s'embrassant, l'audace des homosexuelles israéliennes

Grande parade annuelle des gays et des lesbiennes, dans les rues de Tel-Aviv, joyeuse et courageuse. Revendiquer le droit de vivre librement son homosexualité dans un pays où la religion, qui pèse encore son poids, la considère comme une abomination ne va pas de soi, même si elle n'est pas interdite par la loi. Globalement, la tolérance fait son chemin et nombre de pays ont désormais légalisé ce qui était, il n'y a pas si longtemps, considéré comme une perversion ou une pathologie. On recense moins de lesbiennes que de gays : entre 1,5 et 2 % de la population féminine mondiale contre 3 à 4 % de la population masculine. Les comportements à leur égard varient selon les mœurs et, surtout, la prégnance de telle ou telle religion. En Iran, à Barheïn, au Pakistan, l'homosexualité féminine comme masculine peut valoir la peine de mort. Dans d'autres pays d'Afrique ou du Moyen-Orient, il arrive que les lesbiennes soient battues, parfois violées, au prétexte de les remettre dans le droit chemin. En revanche, dans les milieux « libérés » d'Europe ou d'Amérique, l'homosexualité féminine a longtemps rencontré plus d'indulgence que l'homosexualité masculine. Elle faisait sourire les femmes et excitait les hommes. Il n'est pas sûr que ce ne soit pas encore le cas aujourd'hui.
En Angleterre, où l'on estime le nombre des lesbiennes à 200 000, on enregistre un phénomène imprévu : l'homosexualité féminine, devenue très « tendance », est mise en scène dans des campagnes publicitaires et fait vendre. Avec la même explication.

S'enlacer en dansant, le naturel joyeux des amoureux cubains

Les murs sont nus, avec pour icône le portait du Che. La pièce est vide, mais leurs visages rient et leurs gestes s'accordent. Musique, danse, amour, serait-ce la trilogie heureuse sous le ciel de la Grande Caraïbe ? Qui sait. Aucune étude explorant les points noirs de la sexualité dans le monde ne mentionne Cuba au chapitre des sévices, de l'intolérance – que celle-ci s'exerce à l'égard d'une couleur, d'un sexe, d'une religion ou de l'homosexualité. Peut-être est-ce dû au fait que toutes les couleurs de peau non seulement s'y déclinent mais s'y mêlent, dans le plus beau métissage qui soit. Par ailleurs, même si le machisme a encore de beaux jours devant lui, les Cubaines sont des femmes libres qui maîtrisent leur fécondité et, partant, leur sexualité. Une ombre pourtant obscurcit l'agréable tableau. La situation économique précaire et l'irruption du tourisme ont amené leurs dégâts collatéraux : un développement considérable de la prostitution qui n'a, elle, rien de libre ni de joyeux.

Mariage nouvelle tendance, avec les enfants pour témoins

Réception de mariage à La Jolia, aux États-Unis. On lève des coupes, on prend des photos, on croule sous les fleurs, mais il ne faut pas confondre : la mariée est la mère, et l'événement amuse fort la fille. C'est une autre démonstration d'une certaine pérennité du mariage dans les sociétés occidentales : on divorce sans trop d'états d'âme – 68 % des couples en Biélorussie, presque autant en Russie, 63 % au Royaume-Uni, 50 % en France, 49 % aux États-Unis – mais cela n'empêche pas de récidiver. Dans d'autres cas, fréquents, des couples qui ont vécu plusieurs années maritalement décident pour des raisons diverses de « régulariser », comme on disait naguère. Il n'est pas rare de voir, dans les mairies, de jeunes enfants qui marient gaiement leurs parents. Et d'autres, déjà majeurs, qui signent en tant que témoins le registre de l'état civil.

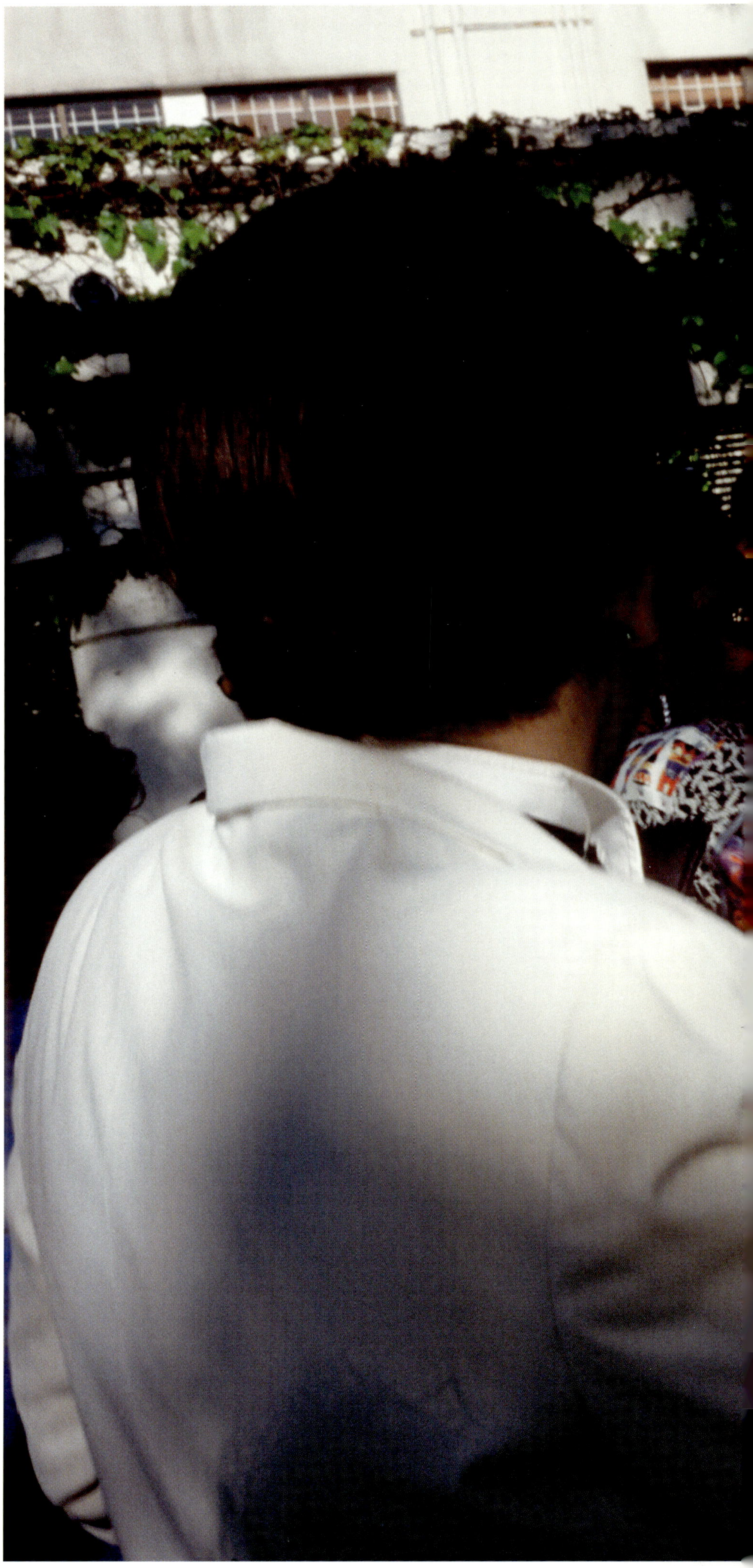

les Femmes et le travail

Sylvie Schweitzer

Sylvie Schweitzer a été de la première génération de Françaises usagères de l'ensemble des nouveaux droits accordés aux femmes dans la seconde moitié du XXe siècle. Mère de famille active, universitaire, historienne spécialiste du travail et des femmes, elle a publié Les femmes ont toujours travaillé. Une histoire du travail des femmes, XIXe-XXe siècle *(éditions Odile Jacob), où elle trace les étapes de ces lentes avancées vers l'égalité dans le travail et la société. À l'université Lyon-2, elle dirige des travaux sur ces thématiques et a en charge la mobilité des étudiant(e)s dans douze universités européennes, ce qui lui permet de fréquents voyages dans l'Europe en construction.*

À Madagascar, l'épuisant travail agricole

Comme sept Malgaches sur dix, ces très jeunes femmes vivent – mal – du travail de la terre. Au sein de minuscules exploitations familiales, plus souvent dans des coopératives ou de grandes exploitations publiques ou privées, elles sont gardiennes de troupeaux, employées dans les rizières, assurent les cultures vivrières ou celles de la vanille et des plantes odoriférantes si prisées de la parfumerie occidentale. Leur île était féconde mais la déforestation, les cultures par brûlis, l'incurie l'ont appauvrie. Leur courage leur permet de survivre mais les use : l'espérance moyenne de vie est de 57,5 ans contre, par exemple, 71,1 ans pour les Turques, 84 ans pour les Japonaises et 80 ans ou plus pour les Européennes et les Nord-Américaines.

Les femmes travaillent. Voilà un fait établi qui, dans nos sociétés occidentales et contemporaines, ne suscite plus guère d'opposition : elles sont presque la moitié de la population active. L'incrédulité est tout de même souvent au rendez-vous lorsque l'on énonce que le travail féminin, mal reconnu et donc mal comptabilisé, est de toutes les époques et de tous les lieux, se déployant dans l'agriculture, le commerce et l'artisanat.

Aussi longtemps que l'industrie, avec ses cortèges d'usines, de machines, de magasins, de banques, de moyens de transport, n'est pas définitivement installée, ces métiers sont majoritaires. Pour une grande partie d'entre elles, les agricultrices partagent avec leur conjoint, et souvent dans le cadre de la famille élargie, l'entretien de terres qui leur appartiennent, alors qu'une autre partie est salariée sur les propriétés d'autrui. De fait, les tâches restent très spécialisées selon le sexe : aux hommes sont surtout dévolus les travaux requérant de la force physique, des outils puis des machines, aux femmes la préparation du travail masculin, comme le dépierrage des champs, mais aussi les récoltes, les soins aux animaux, les ventes sur les marchés ou encore le transport de l'eau. Ainsi, si les revenus sont calculés pour une cellule familiale dont le mari est le chef juridique et incontesté, les femmes y ont très largement leur part, loin du rôle de simples auxiliaires qu'on leur attribue trop hâtivement. Aujourd'hui, si, en Occident, les populations actives agricoles sont devenues très minoritaires (4 % environ), il n'en va pas de même dans les pays en voie de développement : au Cameroun, le secteur agricole regroupe 80 % de la population active ; en Chine plus industrialisée, c'est encore 53 %, soit le niveau de la France au milieu du XIXe siècle.

À ces activités rurales mal définies et qui perdurent sont venues s'ajouter, extrêmement prégnantes dans les pays en voie de développement, les nouvelles formes de « travail informel » que génèrent les modifications économiques de la dernière décennie. Elles regroupent aussi bien le travail agricole saisonnier que les services aux particuliers et surtout le travail à domicile (en particulier dans le vêtement, le cuir, la chaussure) enraciné dans le recours à des techniques de production traditionnelles : ce dernier concerne, en 2003, au moins un demi-milliard d'individus, le quart de la population active mondiale, dont 65 % sont des femmes. Si c'est en Afrique qu'il est le plus important, sa place est tout aussi significative en Amérique latine et en Asie.

Aujourd'hui comme hier, à ce stade de développement économique correspond un très mauvais maillage territorial des lieux d'enseignement, une sous-alphabétisation dont les États ne prennent la mesure qu'avec le

besoin de main-d'œuvre qualifiée autant pour les usines que pour les bureaux ou les hôpitaux, lors de la deuxième industrialisation. Alors, même si on les instruit mieux qu'auparavant, les jeunes filles doivent cependant respecter l'ordre établi de la domination masculine. Elles ne sont pas formées comme leurs frères mais bien à des métiers à elles seules réservés.
Si les hommes ne sont, certes, pas absents des usines et des bureaux, il reste qu'ils s'y octroient les métiers les plus qualifiés pour les ouvriers, les plus gratifiants et les mieux rémunérés pour les ingénieurs et cadres de toutes spécialités. Ainsi, les lois qui interdisent les discriminations salariales peuvent bien être appliquées, il n'en demeure pas moins qu'hommes et femmes ne font souvent pas les mêmes métiers. En ce début de XXIe siècle, les Occidentales salariées sont pour plus de la moitié d'entre elles cantonnées dans six catégories socioprofessionnelles (employées de la fonction publique, employées administratives, de commerce, personnels de services aux particuliers, institutrices et professions intermédiaires de la santé), répartition qui dit la pérennité de la segmentation sexuée du marché du travail.
Voilà donc des métiers réservés aux femmes, des métiers mal payés, dont la société feint de croire qu'ils ne servent qu'à leur fournir des salaires d'appoint. Cette notion, élaborée par les économistes du XIXe siècle, a un fondement idéologique et politique : dans tous les codes civils, les épouses sont alors considérées comme des mineures dépendantes de leur conjoint, censé être le seul soutien monétaire de sa famille. Se renforce alors l'idée que les femmes sont prioritairement épouses et mères, que leur présence sur le marché du travail est contingente et ponctuelle et qu'il est inutile de les rémunérer comme des hommes. Ainsi la société fait fi des célibataires, veuves, divorcées, pourtant nombreuses, en particulier dans les décennies qui suivent les guerres de plus en plus meurtrières du XXe siècle.
Dans l'Europe des siècles passés comme dans les pays en voie de développement aujourd'hui, les filles restent longtemps les parentes pauvres du système scolaire, tout particulièrement supérieur et professionnalisant, dans un retard qui va longtemps de pair avec leur exclusion de la vie politique. Manque d'instruction égale refus de qualification pour de très nombreuses professions : c'est seulement à partir des années 1970 que filles et garçons des pays occidentaux se côtoient dans un système scolaire devenu mixte à tous les niveaux, de la maternelle aux formations supérieures. Et ce n'est qu'alors que commencent de se dissoudre préjugés et stéréotypes sociaux sur les supposées caractéristiques des femmes qui les empêcheraient de faire preuve d'autorité et/ou de créativité, et de contrôler les métiers de la décision, que celle-ci soit politique, économique ou sociale.
La mixité des formations, qui doit beaucoup à la révolution des mentalités consécutive à mai 1968, a, *de facto*, entraîné celle des recrutements. Là, les très bons résultats scolaires des filles à tous les niveaux ont entraîné leur arrivée massive dans des professions autrefois peu ou prou réservées aux hommes. Elles représentent aujourd'hui plus de la moitié des magistrat(e)s européennes, plus de la moitié des nouvelles générations de médecins. Si certains secteurs à vocation scientifique ou hautement technique résistent encore, comme celui des ingénieurs, la progression féminine y reste incontestable au fil des dernières années, assortie d'un étonnement social : l'on prétend que ces métiers-là seraient dévalorisés, que les femmes n'y accéderaient que parce que les hommes les fuiraient. Tel n'est pas le cas. Ce ne sont pas les hommes qui partent mais les femmes qui arrivent, le plus souvent aidées par l'anonymat des examens et des concours de recrutement. Cependant, et tout particulièrement dans les entreprises, les femmes restent minoritaires aux hauts niveaux de responsabilités et de rémunérations. C'est le « plafond de verre », cette barrière invisible à laquelle se heurtent celles qui osent dire leur ambition. Pour y remédier, et tout spécialement dans les métiers du pouvoir législatif et politique qui concernent élues et ministres, des lois imposant la parité ont été mises en place. Cette discrimination positive permet, quand elle est respectée parce qu'assise sur un réel contrôle social et non pas seulement sur des sanctions financières comme pour les partis politiques en France, une notable progression féminine. C'est le cas dans les pays du nord de l'Europe avec 40 % de députées, alors que dans le reste de l'Europe celles-ci ne sont que 17,6 % en moyenne, pourcentage proche des Amériques (17,70 %) ou de l'Afrique subsaharienne (13,60 %).
On le voit, la place des femmes sur le marché du travail est à lire dans une forte diversité géographique. Le spectre des discriminations est large, qui s'étend de la Suède, fort avancée en la matière, à l'Amérique latine, elle aussi en voie de modernisation, ou encore aux lisières de la Grande Muraille de Chine, en pleine mutation, ou aux confins des déserts africains, si pauvres dans tous les domaines. En 2002, les Saoudiennes obtenaient une carte d'identité à leur nom personnel et en 2003 le droit de faire élever leurs filles ailleurs que dans des écoles uniquement confessionnelles et coraniques : cela doit-il engendrer la fureur ou la compassion ? Ici, n'ayons garde d'oublier que les Françaises n'ont obtenu qu'en 1882 le droit d'avoir, dans toutes les communes, une école primaire publique et laïque, en 1938 le droit de se faire établir un passeport et en 1965 celui de travailler et d'ouvrir un compte en banque sans l'autorisation de leur mari.
Le temps du droit des femmes est indissociable de celui du développement économique et industriel. Il fut lent pour les Occidentales, aujourd'hui juridiquement nanties dans tous les domaines. Ailleurs, il reste très en deçà de ces acquis. Un grand nombre de pays, des centaines de millions d'habitantes, en sont encore à un stade de grande pauvreté qui ne tolère même pas l'instruction des petites filles : sur les 875 millions d'analphabètes recensés dans le monde, 70 % sont des femmes, soit plus de 600 millions. Des régions sont soumises aux vagues de la mondialisation : les travailleuses commencent à y connaître le temps de l'autonomie financière dans le cadre des usines et des bureaux. Ces travailleuses verront-elles bientôt le temps d'une législation du travail alignée sur les pays les plus développés et d'une éducation mixte entraînant un partage égal de toutes les possibilités offertes par un marché du travail mixte ? On ne peut que l'espérer. Dans un immense effort collectif et en combattant tous les sexismes, la diversité qui prévaut aujourd'hui peut, demain, se muer en homogénéité.

À Istanbul, une ingénieur hors normes

Coiffée du casque réglementaire, elle œuvre à la construction du métro d'Istanbul et dirige des équipes d'ouvriers. Cependant, c'est surtout dans le secteur économique – banque, finances, affaires – que les femmes conquièrent leur meilleure place. Théoriquement, les jeunes Turques disposent des mêmes droits, y compris en matière d'études, que les hommes. Elles le doivent aux « Jeunes Turcs » qui, en 1926, remplacèrent la loi islamique par un code civil et posèrent comme principe de base l'éducation universelle. Mais les traditions continuent de peser, et aujourd'hui encore les femmes doivent défendre leur droit au travail rémunéré face à l'opposition familiale et communautaire. Beaucoup y renoncent. Celles qui arrivent des campagnes dans les centres urbains ne disposent pas d'un niveau d'instruction ou de professionnalisation suffisant pour trouver un emploi. Elles redeviennent femmes au foyer ou travaillent dans le secteur informel. En outre, de façon générale, selon des estimations de la Banque mondiale, la maternité a généralement pour corollaire la sortie du monde de l'emploi. Le pourcentage le plus élevé de femmes actives se situe dans la tranche 20-24 ans, puis décroît progressivement avec la naissance et l'éducation des enfants dont elles assument l'entière responsabilité.

Chez les Mhongs du Viêtnam, marcher pour le marché

Elles ont l'air d'être en costume de fête mais ce sont leurs vêtements quotidiens et leurs signes identitaires. Dans la jungle moite, elles parcourent des dizaines de kilomètres de montagne pour aller, en groupe, vendre leurs productions et acheter ce dont elles ont besoin – ici, de lourdes tôles – au marché le plus proche. Les Mhongs, ou Méos, sont venus de Chine. Ils se sont installés sur les plateaux laotiens, les montagnes de Thaïlande et les hauteurs du Nord-Viêtnam, dans « le triangle d'or », celui de la culture de l'opium, leur seule monnaie d'échange. Celle-ci fut longtemps admise, voire favorisée. Depuis les mesures draconiennes prises à son encontre sans vraie politique de substitution, il n'y a presque plus de ressources pour ces pacifiques agriculteurs et prodigieux créateurs de broderies devenues artisanat commercialisé. Obstinément, ils ont conservé leur langue, leur système social et leur religion, le taoïsme. Mais le régime communiste, soucieux de les « intégrer », les a brimés au point que beaucoup ont choisi l'exil. D'autres ont tenu bon et se débrouillent, en grande partie grâce à ces femmes, dont le courage, la solidarité et le rire sont les seules armes.

les femmes et le travail

En Californie, cadres sous plafond de verre

Les jeunes femmes, y compris celles de pays en voie de développement lorsqu'elles ont pu faire de solides études, n'hésitent pas à s'engager dans la voie de la haute technologie et réussissent fort bien leur cursus de formation. Le problème est que toutes, ensuite, ne trouvent pas un emploi à la hauteur de leurs compétences et, pour réussir, sont souvent contraintes à s'expatrier. Tel n'est pas le cas de ces jeunes Californiennes. Comme 40 % des Américaines, elles ont fréquenté l'université, où les filles sont encore 35 % à accomplir un cycle d'études supérieures de quatre ans ou plus – soit 3 % de plus que les garçons –, et ont trouvé un bon job sur leur terre natale. Pourtant, elles gagnent en moyenne 23 % de moins que les hommes, et le plafond de verre est là qui les isole des sommets : dans 500 des plus grandes entreprises américaines, on ne compte que 5 % de femmes aux postes les plus élevés.

Au Cambodge, pêche, vente et petits bénéfices

Elles ont bien gagné les billets qu'elles rangent en pêchant et en vendant leurs poissons. La pêche en eau douce, activité essentiellement familiale, est l'une des principales ressources du Cambodge, à la fois nourricière pour les familles et rentable puisque le poisson, l'une des bases de la nourriture nationale, se vend bien. Un lac surtout joue un grand rôle : le Tonle Sap, déversoir naturel du Mékong et record mondial de productivité. Le pactole de ces jeunes femmes est relatif : leur revenu mensuel varie de 20 à 30 000 riels, la monnaie locale, soit de 10 à 15 dollars. Mais ce qui peut sembler dérisoire dans un pays développé leur permet, compte tenu du coût local de la vie, un niveau de vie très supérieur à celui de leurs homologues de Phnom Penh.

les femmes et le travail

En Russie, le réconfort à l'usine (page précédente)

Elle est souriante à son poste d'ouvrière. Au moins, elle a du travail. Et les autres autour pour le réconfort. Du temps où elles étaient soviétiques, les femmes russes ne connaissaient que le plein emploi, et la discrimination entre métiers féminins et métiers masculins avait beaucoup perdu de son fondamentalisme. Mais le passage à l'économie de marché a tout changé. Les plus instruites, désormais, trouvent des débouchés dans le privé. Les autres subissent de plein fouet au pire l'exclusion du travail – près de 8 millions de chômeuses au cours des huit dernières années –, au mieux les bas salaires systématiques, le travail précaire ou au noir. Cependant, et malgré les fortes pressions qui s'exercent pour les renvoyer à la maison, les unes par un retour aux mentalités archaïques, les autres pour libérer des emplois, elles tiennent : leur taux d'activité, de 45 à 55 % sous le précédent régime, est resté stable, mais dans des conditions très dégradées.

Au Mali, un plein emploi particulier

Comme beaucoup de femmes africaines, Pama et Fatouma, première et deuxième épouses de Soumana, assument les tâches domestiques, s'occupent des enfants et apportent leur écot aux finances familiales. Au village de Kouakourou où elles habitent, leur époux achète des céréales qu'elles préparent. Pama va les revendre, avec bénéfice, au marché de Mopti, la ville voisine, sur le Niger. Très fière de son petit commerce, elle n'a qu'un souhait – une troisième épouse pour l'aider –, et rêve de la machine, pas encore inventée, qui pilerait le grain à sa place.

En Éthiopie, le dur labeur du labour (page précédente)

Il va devant, poussant le soc attelé. Elle suit, arrachant les mauvaises herbes. Image archaïque et pourtant d'aujourd'hui. Plus de 70 % des travaux des champs en Éthiopie, 67 % dans les pays en voie de développement, reposent sur des épaules féminines, sans équipements mécanisés, pour des revenus de misère. À leur travail aux champs s'ajoutent les tâches domestiques, les cultures vivrières. Femmes oubliées du progrès, femmes-roseaux qui plient mais ne rompent pas.

Au Sénégal, des poissonnières organisées

À Zinguichar, en Casamance, ces femmes qui traitent le poisson donnent l'exemple. Elles appartiennent à l'Union régionale Santa Yalla, qui regroupe 400 d'entre elles. Des initiatives de même type commencent à se mettre en place ici ou là, pour lutter contre l'exploitation. Ainsi à Durban, en Afrique du Sud, Self Employed Women Union est un syndicat de travailleuses autonomes qui vendent dans la rue leurs productions. L'association sénégalaise se nomme Santa Yalla, « si Dieu le veut » en ouolof. Ce sont pourtant ces femmes qui conjuguent le verbe vouloir au présent sans conditionnel.

CHEZ LES DONG, LA LONGUE PATIENCE DES TISSERANDES

La minorité Dong est installée au sud-ouest de la Chine, dans la province du Guizhou. Ce sont les femmes qui y assurent collectivement la production de l'étoffe destinée à l'habillement. Chaque année, elles tissent d'interminables bandes de coton qui sont ensuite martelées au maillet de bambou pour devenir des tissus laqués. Une remarquable technique... et cette part souterraine de l'économie jamais prise en compte.

Dans le Gujarât, un sucre au goût amer

Jeunes, parfois très jeunes, elles accomplissent, ici à Saurashtra, un travail épuisant dans les champs de cannes à sucre. D'abord couper les tiges, à l'aide de longs couteaux. Puis les porter dans une broyeuse fonctionnant avec un moteur Diesel qui fume et dégage une mauvaise odeur. Le liquide ainsi récolté est enfin transvasé dans une chaudière et, une fois tiède, se cristallise sous forme de sucre brun brut. Aucun homme pour participer aux travaux, mais des gardiens qui contrôlent le rendement de ces esclaves des temps modernes et le bon fonctionnement de la chaudière. Situation scandaleuse, rappelant la vérité des faits. Le statut de trop de paysannes hindoues est accablant : jusqu'à 75 % d'analphabètes, et des lois civiles, coutumières ou religieuses qui leur interdisent de posséder ou de gérer la terre, comme les biens en général, et d'hériter. Des initiatives cependant se mettent en place. Au Bengale-Occidental et dans le Gujarât se sont créées, à l'échelon villageois, des sociétés de développement qui se sont fait attribuer des terres incultes pour les mettre en valeur. Dur travail, mais dont, du moins, les femmes peuvent récolter les fruits. Le sucre en sera moins amer.

ENGINE
1
SMFD

EN CALIFORNIE, SOUS L'UNIFORME DES SOLDATS DU FEU

Lorsqu'un incendie se déclare à Santa Monica, la banlieue très huppée du nord-ouest de Los Angeles, les stars qui y habitent peuvent cotoyer une autre star qui, elle, n'a jamais son nom dans les rubriques *people* des magazines : Sarah, l'une des deux femmes pompiers du Santa Monica Fire. Elles ne sont pas encore très nombreuses, de par le monde, à exercer cette profession qui demande du muscle, du sang-froid et de l'énergie, mais leur présence fissure le bastion masculin. En France, la brèche est bien ouverte. On recense plus de 15 000 femmes sapeurs-pompiers au titre de la protection civile. Et depuis 2002, la brigade des sapeurs-pompiers de Paris, qui relève de l'armée de terre, leur a ouvert ses portes.

AUX ÉTATS-UNIS, SOUS L'UNIFORME DES MATONS

Une prison d'hommes et, les surveillant, une femme, noire qui plus est. Le fait est rarissime : généralement, détenus et personnel carcéral sont de même sexe quand il s'agit d'hommes, alors que, lorsqu'il s'agit de femmes – le fait a été plusieurs fois dénoncé comme une atteinte à la dignité humaine –, il arrive que le personnel masculin intervienne. La présence de cette gardienne souligne le fait qu'en cas de nécessité on peut faire table rase de l'archaïque conception de « métiers féminins ». Autant du côté des autorités qui recrutent que de celui des femmes qui y sont candidates. Le choisissent-elles par envie d'exercer une autorité qui leur a été longtemps interdite, par nécessité économique ou comme mode d'intégration, de la même manière que des Afro-Américaines ou des Latino-Américaines, lors du conflit en Irak, se sont engagées dans les forces armées ? Des analyses sociologiques le diront un jour.

les femmes et le travail

En Europe centrale, les petits métiers des Tsiganes

Le père a sorti le bébé du berceau, les femmes, comme partout, s'affairent aux tâches qui s'enchaînent : cuisine, ménage, lessive, aide aux activités du mari, petite production personnelle comme celle de paniers, de balais... Cette famille vit dans le village d'Alsoszentmarton, en Hongrie, l'un des pays où la minorité tsigane est le plus en butte aux discriminations de toutes sortes. Traditionnellement, les Roms ne font pas « mille métiers » mais ont une spécialité souvent indiquée par le nom de leur groupe ethnique et qui évolue avec le temps. Chez leurs voisins roumains, par exemple, les Caldarari, à l'origine forgerons, chaudronniers, étameurs, sont devenus plus lucrativement récupérateurs de métaux. Quelques Gabori, zingueurs, font maintenant le commerce de petit électroménager, d'ustensiles de cuisine ou de brocante. On est loin, cependant, de conditions de vie simplement supportables. Mais ici ou là, les jeunes femmes prennent le changement en main. Elles font des études, passent des examens, enseignent, exercent un « vrai » métier, luttent contre la fatalité de l'exclusion et trouvent des solutions au dilemme tradition/modernité.

les femmes et le travail

En Inde, gestes quotidiens près du point d'eau (page précédente)

Dans la cour de sa maison, Mishri, mère de famille, règne sur son petit monde, le plus souvent accroupie près de l'élément le plus nécessaire à la vie quotidienne de la famille : la pompe. Sans cesse, il faut actionner le bras et faire couler l'eau, pour laver la vaisselle, le linge, baigner les enfants, faire sa toilette, préparer le repas, le plus souvent végétarien, les légumes et la pâte du pain, le *chapati*. L'eau clapote dans les seaux et la vie coule avec elle.

Dans l'Altiplano, gestes immuables au bord du torrent

Elles lavent leur linge au torrent, belle image du temps suspendu à l'écart des remous contemporains. En réalité, ces femmes mayas, descendantes d'une fabuleuse civilisation, vivent ces remous de plein fouet, au milieu des conflits. Elles ne doivent leur maigre subsistance qu'à quelques rudes travaux et, faute des terres qui leur ont été volées, à de minuscules cultures vivrières. Les jeunes Mayas veulent retrouver leur identité, entrer dans la modernité, cultiver la terre, mais dans l'harmonie, conformément à la vision ancestrale du Cosmos. Ils ont entamé la lutte. Avec patience. Le calendrier de leurs ancêtres ajoutait à l'année de dix-huit mois cinq jours dits « de malchance », pour faire un compte juste. Quand ces cinq jours finiront-ils ?

Au Viêtnam, les petites mains des lampions de la fête

Du matin au soir, à gestes précis, elles fabriquent ces lampions qui illuminent toutes les fêtes de l'Asie du Sud-Est et sont également exportés vers les *Chinatown* de Paris, New York, San Francisco ou les innombrables boutiques asiatiques de par le monde. D'autres sont ouvrières dans la confection, la chaussure, la vannerie, le câblage, la petite industrie, etc., où elles représentent de 55 % à 87 % de la main-d'œuvre, avec des horaires de 50 à 72 heures par semaine. Beaucoup, grâce à la récente politique d'ouverture économique du pays, ont quitté les structures étatiques pour les entreprises étrangères, où elles sont un peu mieux rémunérées. Les compétences traditionnellement attribuées aux femmes – minutie, patience, dextérité – trouvent ainsi une nouvelle application.
Le développement récent de la mondialisation industrielle, avec le déplacement des lieux de production vers les pays en voie de développement, où la main-d'œuvre féminine est disponible et peu coûteuse, repose presque entièrement sur ces petites mains, corvéables à merci.

les femmes et le travail

En Éthiopie, sous la blouse d'une chercheuse

Profession : chercheuse dans un hôpital à Hargeisa. Une illustration du paradoxe éthiopien. Sous le même ciel cohabitent une élite, héritière consciente d'une très ancienne culture, et les plus misérables des paysannes, sur lesquelles pèse toujours la barbarie de l'excision. Ni les conflits ni les famines n'ont pu empêcher l'émergence d'une nouvelle catégorie de femmes déterminées, scolarisées, souvent diplômées de l'université d'Addis-Abeba ou ayant étudié à l'étranger. Médecins, enseignantes, journalistes, techniciennes et même pilote sur Ethiopian Airlines, elles sont en train de changer la donne.

DANS LE XINJIANG, SOUS LA CASQUETTE DU SOLDAT

Être affectée au maintien de l'ordre face aux turbulentes populations musulmanes ouïgoures dans la province autonome du Xinjiang impose à cette soldate chinoise, officier en poste à Kachgar, le masque de l'emploi : sévère. Elle n'a pas forcément choisi de servir sous les drapeaux. En République populaire de Chine, le service militaire est obligatoire pour les garçons comme pour les filles, et dure de deux à trois ans. Mais même dans les pays où il n'existe que des armées de métier, les femmes y ont fait leur percée. Elles représentent par exemple 14 % des effectifs de l'Armée américaine. La France a intronisé récemment sa première pilote de chasse. Avec du retard sur Israël, qui le fit en 1995, et Taiwan, en 1996.

Glory

En Inde, la promotion par l'instruction

L'une, au tableau noir, enseigne des rudiments d'arithmétique : ces fractions et ces divisions qui sont aussi le cauchemar de bien des jeunes écoliers de l'Hexagone. Les autres écoutent attentivement, cahier sur les genoux. C'est une école du soir, comme il s'en est créé quelques-unes en Inde, où les progrès de la scolarisation, même si on la situe entre 75 % et 94 % au niveau du primaire, sont très inégaux selon la région et la classe sociale à laquelle appartiennent les petites filles. Dans le pays voisin, le Népal, on note une avancée considérable : en une vingtaine d'années, le nombre des filles scolarisées a doublé. Il s'en faut cependant que toutes accèdent au niveau des études secondaires, sans même évoquer les cycles universitaires. Mais l'université n'est pas la seule possibilité d'accéder à un enseignement supérieur. Dans bien des pays émergeants, les institutions qui forment spécifiquement à l'enseignement offrent des opportunités d'éducation essentielles et jouent un rôle important dans la promotion des femmes.

Sous le portrait de Fidel, une cigarière à son affaire (page précédente)

Elle les roule et en fume un. Elle est employée à la fabrique de cigares H. Upmann, à La Havane. Le cigare constitue le troisième produit d'exportation locale, après le sucre et le nickel. Hors de ces secteurs traditionnels de l'économie, Cuba a investi dans les biotechnologies et l'industrie pharmaceutique, très compétitive sur le plan mondial, avec des produits de grande qualité. La main-d'œuvre est là : pratiquement 100 % des jeunes Cubaines et Cubains sont scolarisés, et les études sont gratuites, université comprise. En revanche, le salaire moyen mensuel est de l'ordre de 200 pesos, soit environ 10 dollars : trop peu pour vivre, d'où la multiplication des petits métiers parallèles.

Endormie sur ses briques, une manœuvre à Yangon

Elle se repose sur les lieux mêmes où elle travaille à la construction d'un immeuble, dans la capitale birmane. Il y a pire condition humaine que celle d'un prolétaire : celle d'une prolétaire et de ses enfants. Tel est le cas de nombre de Birmanes, parfois encore adolescentes, contraintes par la misère aux travaux les plus durs, exploitées sans la moindre protection. Yangon, qui fut une ville aimable et en garde de très beaux restes, se veut la façade avenante d'un régime disqualifié. La construction y est en plein essor. Mais à quel prix pour les Birmans, dont plus de 15 % sont au-dessous du seuil de pauvreté ?

À Paris, derrière ses manettes, la *disc-jockey*

DJ Manue, de House-Secours. Elle maîtrise l'art de sélectionner et d'enchaîner électroniquement des musiques préexistantes ou d'en créer de nouvelles en les prenant comme matériaux de base, qui feront danser les raveurs, enivreront les familiers des boîtes, soutiendront les chorégraphies acrobatiques du hip-hop, ou plus modestement serviront de fond sonore à des fêtes privées. La profession de DJ exige une oreille à la fois musicale et insensible aux décibels, une bonne compétence en électronique et une certaine créativité. Elle a ouvert un marché dont la croissance a été d'une folle rapidité et qui, selon certaines estimations américaines, génère un chiffre d'affaires de 10 millions de dollars par an. Nombre d'activités connexes s'y rattachent, des journalistes spécialisés, des photographes et des graphistes en passant par les producteurs, les cours de formation, les agents, etc., où les jeunes femmes tentent de se frayer un chemin. D'autres, surtout au synthétiseur, au clavier ou aux percussions, ont trouvé une place dans des groupes de rock, ou les produisent.

À La Havane, prête pour la scène, une danseuse

Sculpturalement belle, un peu lasse, elle va bientôt retourner en scène. Être danseuse au *Tropicana*, qui est un peu à La Havane ce que sont le *Moulin-Rouge* à Paris ou, toutes proportions gardées, les cabarets de Las Vegas, n'a rien d'une sinécure. Mais les touristes sont là, avec dans la tête les musiques allègres du *Buena Vista Social Club*, dans les yeux des images sensuelles de rumba, de salsa et de rythmes afro-cubains. Les danseuses assurent, au *Tropicana* comme dans quelques autres cabarets de la capitale cubaine, plus ou moins authentiques, tels que le *Palacio de la Salsa*, le *Havana Café*, le café *Mi Conuca*, le *Salon Rojo* ou le *Cabaret Nacional*. Même si elles ont naturellement le sens du rythme, elles ont pris des cours et sont de vraies professionnelles. Elles n'y gagnent pas la gloire mais tout simplement leur vie. Restera à leurs admirateurs étrangers à aller voir ensuite, ailleurs, ce qu'est la réalité du quotidien cubain.

Hep, taxi ! Une nouvelle dame de Shanghai

Elle n'a pas la séduction troublante de Rita Hayworth dans le célèbre film d'Orson Welles mais tout sur son visage dit la détermination et l'attention : deux qualités à l'évidence indispensables lorsque l'on est chauffeuse de taxi dans les rues de Shanghai. Tout désormais se reconstruit et se décrit au superlatif dans cette mégapole de plus de 12 millions d'habitants. Après avoir été la ville la plus rouge de Chine, à la victoire des communistes, elle s'est frénétiquement engagée dans la nouvelle économie. Et ses habitantes avec elles, à des années-lumière de leurs compatriotes des zones rurales. Elles bénéficiaient déjà d'un excellent niveau d'instruction – plus de 95 % des filles chinoises sont scolarisées, et de 20 à 39 % ont accès à l'université. Bien décidées à faire leur profit du changement, elles font feu de tout bois : finances, commerces, tourisme, secteur tertiaire, etc. « Si l'on veut voir la Chine éternelle, dit-on à Shanghai, il faut aller à Pékin. Si l'on veut voir la Chine actuelle, c'est ici. » La nouvelle femme chinoise est sans doute ici aussi. Mais elle ne doit pas être l'arbre qui cache la forêt.

事

les Femmes et la maternité

Joëlle Kauffmann-Brunerie

Joëlle Kauffmann-Brunerie est gynécologue. Depuis plus de trente ans, passés pour une grande part en milieu hospitalier, elle soigne, suit, écoute des femmes de toutes les origines, participe à des missions humanitaires. Militante des causes justes, elle s'est autant battue pour la légalisation de la contraception et de l'interruption volontaire de grossesse qu'à la Ligue des droits de l'homme, dont elle fut vice-présidente. Enfin, on se souvient du combat obstiné qu'elle mena pendant trois ans pour faire libérer son mari, le journaliste Jean-Paul Kauffmann, enlevé en 1985 par le Djihad. En toute connaissance de cause, droite dans la vie, droite dans la lutte, elle réfléchit ici aux multiples aspects de la maternité.

Fierté d'une mère hindoue, son fils

Pour une Hindoue, une Chinoise, une Japonaise, il n'est de vraie maternité que lorsqu'un fils leur est né. Il y a à cela des raisons sociales et économiques enracinées dans leur histoire. Mais bien des Occidentales tiennent également beaucoup à avoir un fils et, parfois, l'idolâtrent. La psychanalyse ne suffit pas à expliquer ce lien singulier, qui intrigue par sa force et sa complexité.

Maternité. Un mot commun à la majorité des femmes, depuis le début des temps, sous toutes les latitudes, dans toutes les cultures, toutes les couches sociales. Il véhicule, le plus souvent, de belles images, plus ou moins sacralisées. Mais il ne décrit rien de la complexité des situations, des sentiments, de la diversité des approches selon la société dans laquelle on vit, le niveau d'éducation, d'information, le poids des traditions. Il ne dit rien des évolutions considérables survenues au cours des trente dernières années : l'impact du contrôle des naissances sur les comportements, les formidables progrès médicaux concernant aussi bien le suivi de la grossesse que le déroulement de l'accouchement. Il ne révèle rien de l'abîme intolérable qui, dans ces deux domaines cruciaux, sépare les citoyennes des pays nantis de leurs contemporaines des pays en voie de développement.

L'arrivée de la contraception, voilà une trentaine d'années, fut une véritable révolution. Elle donnait enfin aux femmes la liberté de leur corps et, partant, celle de leur tête, de leur choix de vie. Pour obtenir la légalisation de la pilule, il fallut mener de rudes batailles. Informer et rassurer. Cela se fit peu à peu. Dans les pays riches et les zones urbaines, ou dans ceux, comme la Chine, où la limitation d'une démographie galopante était devenue un problème d'État, le combat semble gagné. Mais si l'on observe la situation sur la totalité de la planète, force est de constater que, dans sa plus grande partie, ou il n'a pas même commencé, ou il en est à ses balbutiements. Des millions d'Africaines, de Malgaches, de Sud-Américaines, de musulmanes afghanes, irakiennes, pakistanaises, de ressortissantes des pays de l'Est n'ont aucun accès à cette liberté, dont la plupart ignorent jusqu'à l'existence. Cela ne signifie pas que le contrôle des naissances n'y soit pas pratiqué, mais c'est le plus radical, le plus traumatisant : la stérilisation. Non seulement celle-ci demeure la méthode la plus répandue de par le monde mais, pire encore, aux États-Unis, en Chine, en Inde, des femmes parmi les plus pauvres, appartenant aux minorités les plus déshéritées, ont été, au cours des dernières décennies, victimes de plans de stérilisation. Il y a enfin l'avortement. Après des années de combat obstiné, les féministes ont obtenu sa légalisation, plus ou moins assortie de restrictions, pour les trois quarts de la population féminine mondiale. Dans le quart restant, au Brésil, au Mexique, dans la presque totalité de l'Afrique ou les pays vivant sous la stricte loi musulmane et bien d'autres encore, il n'y a que le recours à l'avortement clandestin : au moins 20 millions chaque année, 80 000 femmes qui en meurent.

Bien des facteurs entrent en ligne de compte pour expliquer ce blocage face à la contraception orale, la plus simple, la plus sûre qui soit. Problème de coût, bien sûr. Même si elles voulaient l'utiliser, la pilule contraceptive serait hors de la portée financière de celles qui voudraient y avoir recours. Cependant l'aspect financier est très loin d'être seul en cause. Il n'existe que fort peu de politiques des États pour la mise en œuvre de véritables plans de contraception. Les religions, plus ou moins fondamentalistes, les traditions, les systèmes culturels pèsent de tout leur poids. Conséquence : la résistance vient souvent des femmes elles-mêmes.

Comment les amener à contrôler leur fécondité lorsqu'elles ont été élevées dans la certitude que les enfants sont envoyés par Dieu ? Comment convaincre celles qui ne placent les perspectives de leur vie que dans la procréation, auxquelles la stérilité apparaît comme une malédiction, un facteur d'exclusion, un motif de répudiation ? Comment faire passer l'idée, à toutes celles qui, spontanément, considèrent chaque naissance comme un heureux événement, une promesse de richesse, que moins d'enfants ce serait tellement mieux pour elles et pour leur famille ? Il ne s'agit nullement d'imposer mais d'informer. L'expérience démontre que les bonnes paroles des Occidentaux n'ont pas d'écho. Seuls des réseaux de femmes directement concernées et suffisamment formées peuvent faire passer le message.

Dans les sociétés occidentales, en revanche, la contraception est sans doute l'élément qui a le plus profondément bouleversé les approches traditionnelles de la maternité. On ne subit plus, on décide. Cette possibilité de maîtriser la fécondité amène à distinguer désir de grossesse et désir d'enfant. *A priori*, cela peut sembler se confondre plus ou moins. Dans les faits, c'est bien plus compliqué. Des femmes, beaucoup plus nombreuses qu'on ne le croit, ont seulement l'envie d'être enceintes. Ce désir-là est celui, inconscient, de vérifier le fonctionnement de leur corps. Il survient généralement au bout de plusieurs années de contraception. Elles arrêtent la pilule, pensent que c'est un accident et sont enceintes. En fait, elles ont eu un désir de grossesse pour se rassurer sur leur féminité.

Le réel désir d'enfant est une autre affaire. Lorsque l'on a le pouvoir de décider, on l'analyse, on le mûrit. En avoir un est-ce raisonnable ou pas ? Question récurrente. Parfois, il arrive aussi que l'inquiétude vienne avec le désir. Aura-t-on l'instinct maternel ? L'enfant que l'on souhaite, l'aimera-t-on ? Des courants de pensée, il est vrai, se font jour sur la réalité de cet instinct maternel qui tiendrait peut-être plus de l'acquis que de l'inné, d'un code moral, voire de modes. Sur le terrain, on voit bien qu'il fonctionne. Au temps où la contraception n'existait pas, nos grands-mères, nos mères ont eu, pour la plupart, bien plus d'enfants qu'elles ne l'auraient souhaité. Généralement, elles ne les en ont pas moins élevés, protégés, aimés. Et que dire de ces femmes des pays déshérités, en proie aux guerres, aux famines, aux exodes, qui accomplissent d'invraisemblables miracles pour assurer la survie de leur petite famille ? Parce que c'est l'enfant qu'on a porté. Parce que c'est « tripal ». Il ne faut cependant pas faire d'amalgame. Des femmes ne souhaitent pas enfanter. C'est leur décision. Par ailleurs, il ne faudrait pas non plus penser que l'instinct maternel suffit à faire ce qu'il est convenu d'appeler de « bonnes mères ». Lorsque la grossesse s'annonce, on se retrouve de nouveau devant des comportements différents. Souvent hermétiques à la contraception, les Africaines, par exemple, vivent leur grossesse tout naturellement. Pour beaucoup d'Occidentales au contraire, l'attente d'un enfant fait l'objet d'une hyperresponsabilisation, d'une surinformation et d'une surmédicalisation extrêmes, souvent génératrices d'inutiles angoisses. Les jeunes futures mères d'origine maghrébine de la troisième génération ont un comportement identique. En revanche, les jeunes filles vivent des situations parfois très dures, contraintes à la virginité jusqu'au mariage. Elles vivent dans une société de très grande liberté sexuelle. Elles ont des copains qui ont envie de leur faire l'amour, elles sont belles, et elles n'arrivent pas à passer à l'acte. Il en est aussi qui enfreignent le tabou et qui, les cas ne sont pas rares, se font refaire l'hymen avant de convoler.

Quand arrive l'accouchement, on retrouve un abîme entre les pays nantis et les autres. Ici, pour le plus grand nombre, le confort, la sécurité et la péridurale qui a gommé la vieille malédiction de l'enfantement dans la douleur. Mais entre 100 et 400 décès pour 1 000 naissances en Europe de l'Est, où les conditions, par exemple en Roumanie, demeurent plus qu'aléatoires. Globalement, chaque année, dans le monde, sur 200 millions de femmes enceintes, 500 000 meurent en accouchant, 50 millions resteront à jamais atteintes d'infections chroniques. Autant de situations tragiques sans vraies solutions politiques, les seules qui pourraient avoir un réel impact. Les organisations non gouvernementales font ce qu'elles peuvent, mais ce n'est qu'une goutte d'eau. Et toujours seul palliatif de tant de malheurs, la solidarité des femmes entre elles, vraie réalité.

Pendant ce temps, en France, il reste encore beaucoup d'informations à mener dans les collèges et les lycées. Des femmes des jeunes générations, ayant bien reçu le message « protection-sida », abandonnent la liberté de la pilule au profit de la sécurité du préservatif, et la responsabilité de la procréation repasse dans le camp masculin. D'autres prônent un retour aux « méthodes naturelles » sous le contrôle... des températures.

Depuis deux ou trois ans, on note aussi un changement dans les perspectives démographiques. Alors que presque partout dans le monde le taux de fécondité connaît une baisse notable, les couples français affichent leur différence : en majorité, ils désiraient deux enfants ; aujourd'hui, c'est trois. Les Américains, selon des projections récentes, pourraient s'engager – modérément – dans la même voie puisque leur taux moyen de fécondité pourrait passer, d'ici à 2020, de 2 à 2,1 %.

Un peu de rose dans trop de gris ? Qui sait. On pourrait y ajouter la tendresse dont, dans presque toutes les cultures, on entoure les jeunes enfants, et la prodigieuse invention dont on y fait preuve, avec des moyens pourtant rudimentaires, pour assurer leur hygiène, leur nourriture, leur transport et... les cajoler. Mais cela n'occulte pas le fait que, si la maternité est un grand bonheur, il faudra encore beaucoup de luttes pour que toutes, de par le monde, puissent vivre cette aventure dans la sérénité au lieu de la subir dans l'abandon et le dénuement.

Aimable trilogie en Papouasie

Enfin, ils font connaissance. À l'issue des six semaines suivant la naissance où elle est restée enfermée dans sa case, la mère peut enfin déposer le nouveau-né dans les bras du père, qui va devenir un excellent baby-sitter. Mais la situation, dans ce groupe des îles Trobriand, en Papouasie-Nouvelle-Guinée, n'est pas aussi simple qu'il pourrait le paraître. Cette société est matrilinéaire, la parentèle n'existe que par rapport aux femmes, l'héritage des biens suit la filiation maternelle et la paternité physiologique n'y est pas reconnue. Le père n'est donc le père qu'en tant que mari de la mère, et c'est en réalité l'oncle maternel de l'enfant qui en a la tutelle, ce qui implique, entre les deux, des rapports très étroits et importants. Supposé n'avoir aucun lien de sang avec les enfants de sa femme, le père n'en est pas moins très proche d'eux. Dans un certain nombre de cas, l'ethnologue Bronislaw Malinowski a remarqué, assez malicieusement, que lorsqu'un fils ou une fille avait du chagrin, était malade, qu'il fallait s'exposer pour lui à des ennuis ou à un danger, c'était toujours lui qui agissait, jamais l'oncle.

Câlin bucolique dans la campagne française

Elles ont joué, se sont promenées, ensemble elles se reposent, la petite fille blottie sur le cœur maternel. Entre mère et fille, surtout en France et dans les pays méditerranéens, les premières années sont généralement délicieuses et souvent fusionnelles. La mère croit voir en sa petite fille un prolongement d'elle-même dont elle saurait tout. Mais contrairement aux exhortations, en l'occurrence nécessaires, des féministes, trop de mères occidentales continuent à élever leurs enfants comme elles l'ont été elles-mêmes, avec une nette différence de comportement et d'exigences entre les filles et les garçons. Elles rendent un très mauvais service aux unes, aux autres, et à la cause des femmes.

Duo de mode dans un coin de Londres

Maman est très mode. Bébé l'est aussi. Si les Britanniques demeurent assez distants et conventionnels dans leur conception de l'éducation, cela n'empêche pas les Londoniennes branchées d'initier très tôt leur petite fille à une joyeuse fantaisie vestimentaire. Pour le reste, les Britanniques s'alignent sur les moyennes des pays développés, avec un taux de fécondité égal ou inférieur à 2,1 %. Mais si l'on en croit une étude sociologique menée notamment par Pierre Bourdieu, valable pour la Grande-Bretagne, les Pays-Bas, la France, l'Allemagne et la Suisse, ce n'est pas le sens de la fringue d'une fille mais bien son origine sociale qui lui ouvrira le plus facilement la porte des études supérieures.

Mère russe cherche garderie désespérément

Janetta fait sa lessive. Anastasia, 8 ans, s'accroche à elle. Il n'existe pratiquement plus de structures en Russie pour assurer aux mères qui travaillent la garde de leurs enfants. Le régime communiste qui prônait égalité et parité entre les hommes et les femmes leur imposait de travailler, mais toutes les entreprises étaient étatisées et mettaient à leur disposition des équipements sociaux tels que crèches ou garderies. Ils ont disparu avec le passage à l'économie de marché. Aujourd'hui, bon nombre de mères russes se trouvent confrontées à la plus inextricable des situations. D'un côté, une forte tendance à les renvoyer dans leur foyer, mais avec des allocations familiales tellement réduites qu'elles ne leur permettent pas de vivre ; de l'autre, la nécessité de gagner leur vie dans un marché du travail où la discrimination est encore plus violente quand il s'agit de mères de famille. Ici, on renvoie les femmes enceintes ; là, on refuse d'engager celles qui sont déjà en charge de jeunes enfants. Certaines sont contraintes de signer des accords où elles s'engagent à ne pas être enceintes pendant toute la durée de leur contrat de travail. Pas étonnant d'en trouver qui, épuisées, avouent sans ambages leur regret du régime précédent.

En Bulgarie, Tsigane heureuse et enfant roi

Elle a mis ses plus beaux vêtements et voulu son bébé beau comme un astre puisque, pour lui, on va faire une fête. Quel que soit le pays où naît ce petit Rom, qui sera étiqueté selon le cas manouche, gitan, tsigane, etc., c'est un enfant roi, adulé par ses parents et spécialement par sa mère, jamais puni, jamais grondé, libre comme l'air. Tout se gâtera quand il sera en âge d'être scolarisé et devra affronter un milieu extérieur hostile : les communautés romani sont aujourd'hui encore les grandes exclues des sociétés européennes.

En Thaïlande, grand-mère digne et filles sages

Ouan entoure de ses bras protecteurs les épaules de sa fille, Buaphet Khuenkaew, et de sa petite-fille. Elles vivent dans un village sage, bien loin de la frénésie de Bangkok et de ses touristes sexuels. Ni le temps ni le changement d'état ne les ont séparées. Naissance, éducation des enfants, coutumes, la mère qui peut conseiller et rassurer demeure omniprésente. On trouve le même type de relations mère-filles soudées dans la plupart des sociétés traditionnelles, notamment en Afrique où, souvent, pour une jeune femme, accoucher sans sa mère est une épreuve pire que l'enfantement lui-même. Certaines, émigrées en Europe, développent, du fait de cette absence, de graves dépressions que la psychiatrie doit prendre en charge.

Au Cambodge, trop d'enfants, trop de détresse, un peu d'espoir

Dans le quartier de Bassak, à Phnom Penh, un squat offre ses tanières précaires à 50 000 déshérités, dont 30 000 ont moins de 18 ans, pas bien loin des hôtels pour touristes – 466 000 en 2000, sexe en ligne de mire pour 22 % d'entre eux. Un concentré de détresse dans ce pays que des années de conflits, trois ans de barbarie sous Pol Pot, ont livré à la violence et à la désagrégation sociale. Le sida y a connu sa plus forte progression mondiale. La mortalité maternelle y est quatre fois supérieure à celle des autres pays, la mortalité néonatale vingt fois plus importante qu'ailleurs. Filles et garçons, parfois dès l'âge de 8 ans, se prostituent, se défoncent aux amphétamines poisons ou aux résidus de pâte d'opium. Des dizaines d'organisations non gouvernementales, sur le terrain, pratiquent la perfusion humanitaire. Une nouvelle politique de santé se met en place. Le pire est peut-être passé. Mais quand reviendra l'ineffable grâce des femmes khmères ?

les femmes et la maternité

PARTOUT, DE REMARQUABLES TECHNIQUES DE PUÉRICULTURE

Si malheureusement en bien des régions, notamment d'Afrique, le manque d'eau potable, la malnutrition récurrente, l'absence de vaccinations, causent des ravages, l'éventail des soins prodigués aux nourrissons est cependant d'une étonnante sophistication. Des pôles aux tropiques, il n'est pas une ethnie qui n'ait sa puériculture adaptée au mode de vie et au climat. Presque partout les bébés sont régulièrement baignés, souvent avec des herbes médicinales, massés, lustrés de corps gras odorants, manipulés par des mouvements de gymnastique. En Inde comme en Afrique du Nord, où le henné joue aussi un rôle bactéricide (ci-dessus), le khôl protège les yeux. En Afrique noire, le même emplâtre appliqué sur la mère et l'enfant n'est pas seulement un signe identitaire. Il protège la peau du dessèchement et des piqûres d'insectes. De la même manière, les amulettes, les colliers ont une fonction magique mais jouent parfois un rôle contre des infections précises. La pédiatrie se cache sous le rituel.

Instant mémorable pour une famille berbère

Photo de famille chez des Berbères de l'Atlas. Tout laisse supposer que les petites filles ont fait l'objet des soins vigilants de leur mère. Elle les a baignées, parfumées, elle a tracé au henné sur leur corps les signes qui les mettent sous la protection d'Allah, a suspendu à leurs vêtements des amulettes protectrices. Elle les a bercées. Par grand froid ou grand soleil, elle les a portées sur son dos, sa djellaba de laine tissée, nouée, faisant office de porte-bébé. Cette jeune mère parée considère-t-elle ses enfants comme des bénédictions ? Évidemment, oui. A-t-elle décidé de leur naissance ? Sûrement, non. Cependant, les petites filles auront une enfance libre et choyée. Grandes, elles ne seront pas voilées, pourront refuser un époux, voire divorcer, vivront sous une loi islamique traditionnellement moins fondamentaliste qu'ailleurs. Pourtant, ce qu'elles deviendront dépendra d'abord de leur père.

Les bébés, une obsession spécifiquement chinoise

La démographie chinoise a longtemps galopé. Ce fut, dans le dernier quart du XXe siècle, une telle obsession des pouvoirs politiques que de vigoureuses mesures malthusiennes furent épisodiquement mises en place : retardement de l'âge légal du mariage, très fortes pressions pour faire limiter les naissances à deux enfants par foyer, puis à un seul, avec régime de faveur pour ceux qui accepteraient la limitation de cette liberté privée. Ce fut l'obsession des familles rurales – 80 % de la population chinoise – vivant encore dans des systèmes où les enfants sont considérés comme une force de travail au service de leurs parents et qui ne comprenaient pas cette politique. Ce fut même, plus ou moins, celle de citadines : les restrictions de fécondité limitaient leur chance d'avoir un fils ! C'est maintenant celle d'une jeune femme artiste peintre, Hong Yu. Depuis qu'elle a donné le jour à sa fille, elle ne peint plus que des bébés vagissants. 500 millions de Chinois, et elle, et elle, et elle.

À Cuba, l'allégresse du ventre rond

Une maternité où la naissance se prépare dans le rire. Tout s'annonce bien, pourquoi faudrait-il s'angoisser ? D'autant que Cuba, quelles qu'y soient les difficultés économiques et politiques, bénéficie au moins, depuis l'arrivée de Fidel Castro, du système de santé le plus performant de toute l'Amérique latine. 97 % des naissances se déroulent en milieu hospitalier. Avant la révolution, le taux de mortalité infantile s'élevait à 60 % ; il est descendu à environ 7 %, l'un des pourcentages les plus bas au monde, à comparer avec les pires statistiques : 16,8 % en Afghanistan, 20 % des enfants pour la totalité de l'Afrique, des chiffres encore mal connus dans des pays de l'Europe de l'Est comme la Roumanie, mais qui semblent effrayants ; à mettre aussi en regard des pays dont les taux sont inférieurs ou très inférieurs à 10 %, comme la Finlande, la Suède, le Japon, Taiwan ou Singapour, l'Europe de l'Ouest et les États-Unis.

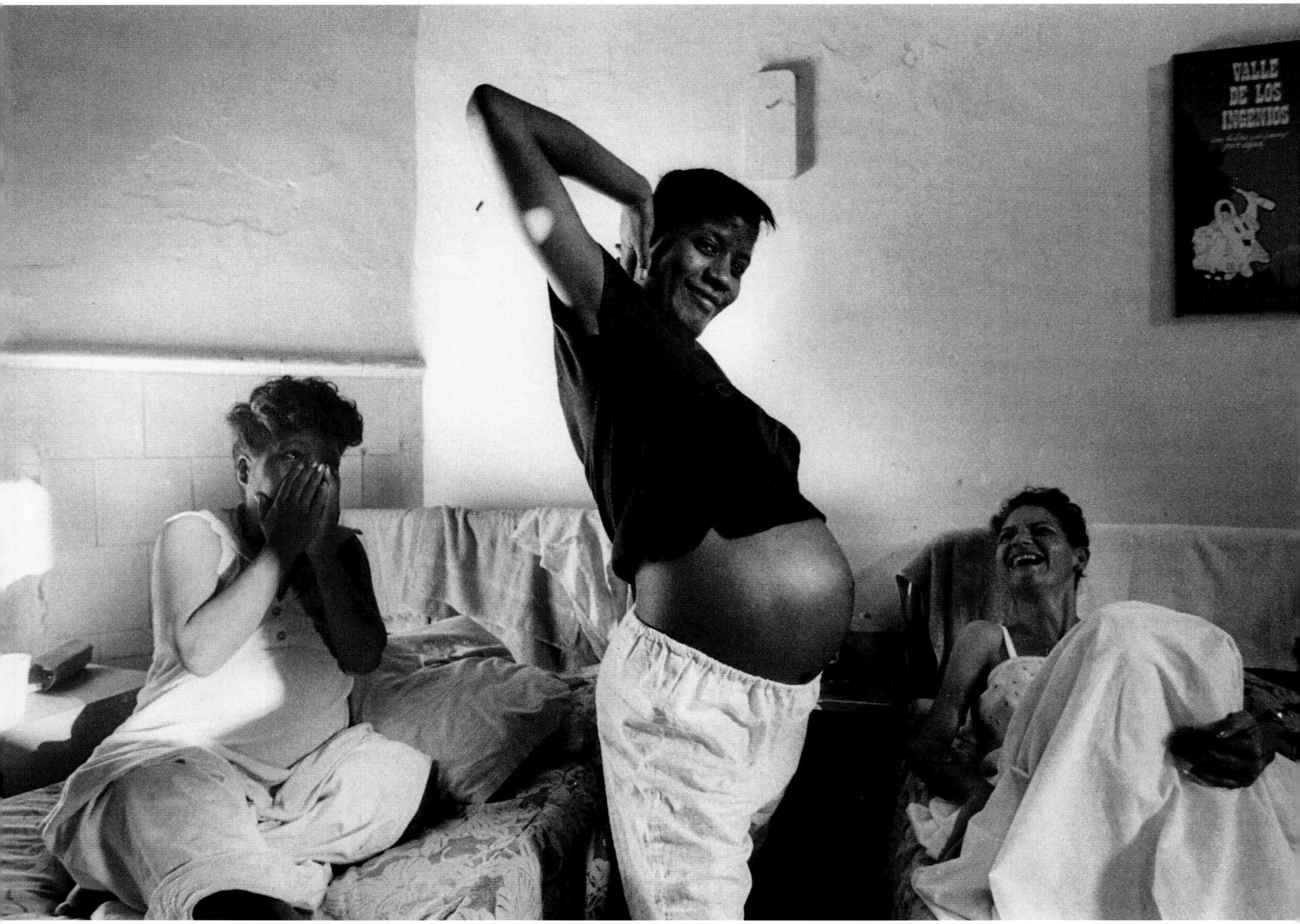

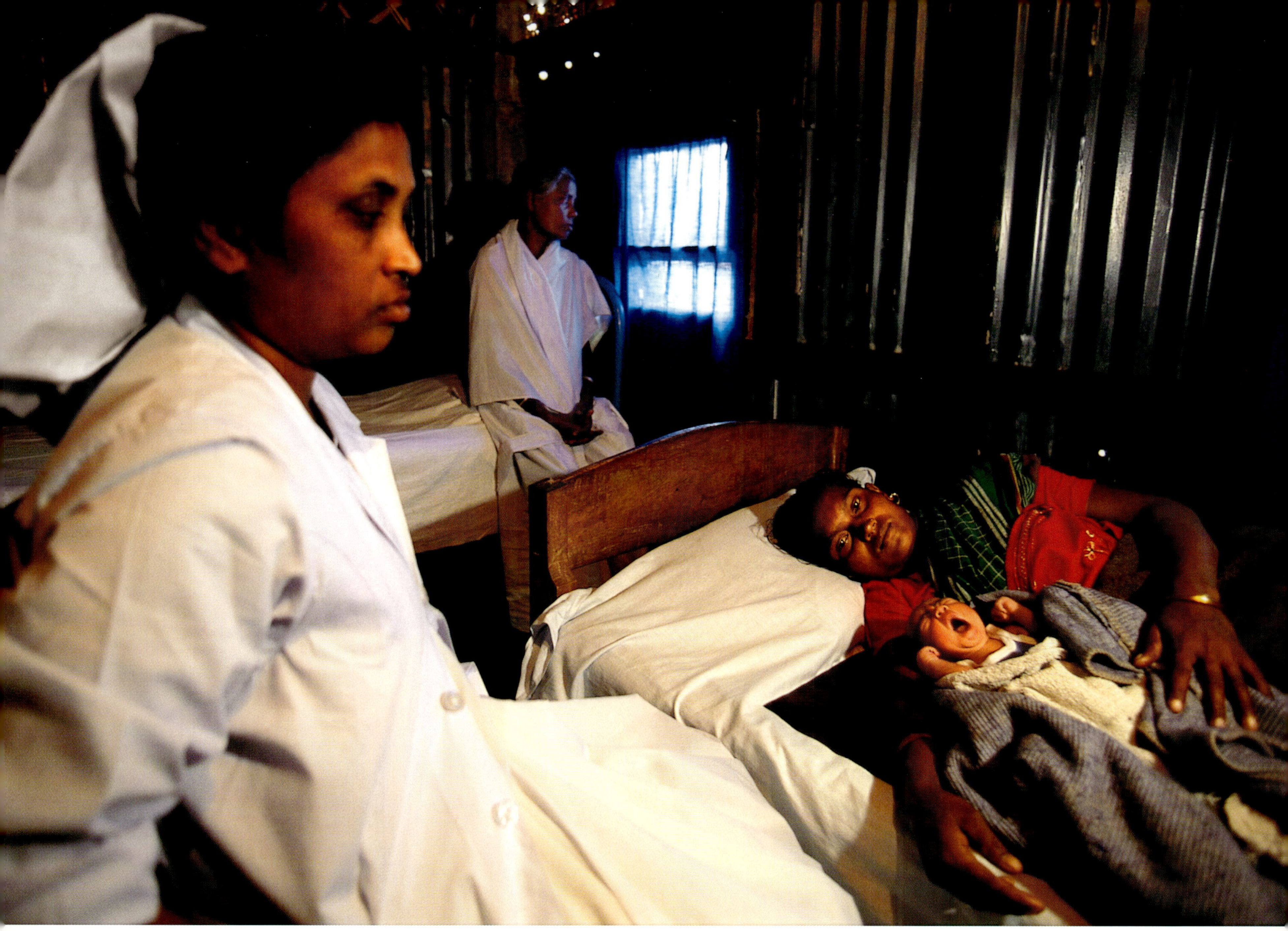

Au Bangladesh, le courage et la ténacité

Une clinique rurale. Une future mère, grave mais déterminée, qui pourrait être un symbole.
Dans le Bangladesh surpeuplé, ravagé tour à tour par les conflits et les catastrophes naturelles, où 48 % de la population aux quatre cinquièmes rurale subsistent au-dessous du seuil de pauvreté, ce sont les femmes qui font tout évoluer. Bien plus que les organisations non gouvernementales, elles contribuent à la mise en place de dispensaires ou de cliniques rurales, empiriques, certes, mais mieux que rien. Elles luttent contre la terrible mortalité infantile et la malnutrition. Surtout, elles ont si massivement adopté la contraception que le taux de fécondité est passé de 6,3 en 1979 à 3,3 aujourd'hui, avec seulement 12 avortements pour 1 000 naissances. Parallèlement, un effort gigantesque est fait pour l'accès à l'instruction et même à l'autonomie financière. Inventives, tenaces, courageuses, luttant pour leurs droits dans un pays à 87 % musulman, elles ont fait plus de progrès en vingt ans que les Européennes en un siècle.

En Inde, la douceur d'une berceuse

Elle murmure à l'oreille de son bel enfant ces mots doux qui sont des secrets d'amour. Peut-être lui raconte-t-elle qu'ils vont bientôt partir et qu'il voyagera sur le dos d'un chameau ? Si son groupe, celui des Rabari, a sa base à Porbandar, ville natale de Gandhi, dans le Gujarât, il est en effet nomade pendant neuf mois de l'année et sillonne les chemins en immenses caravanes retentissantes du bêlement des moutons et des chèvres. Ou peut-être lui chante-t-elle une berceuse ? De tous les genres musicaux, la berceuse est sans doute le plus émouvant et le plus universel. Celles de l'Inde sont poétiques, parlant des dieux, de la nature, de la beauté du monde. Les Inuit ont des chants de cajolage qu'ils improvisent sur l'instant. Chez les Pygmées, se sont des *yodles* lancés par les pères et repris par toute la famille, tandis que les Indiens Chacopos d'Amazonie évoquent les esprits. Sans parler des berceuses tsiganes, russes, ou de celles, somptueuses, de l'île de Pâques. Gestes tendres et voix douce sont le dénominateur commun des mères du monde entier.

En Inde, des rites pour l'entrée dans la vie (page suivante)

Femmes entre elles à Delhi, réunies autour d'un bébé. On vient de lui donner son nom. Ce rite important entérine sa venue au monde. D'autres suivront à chaque étape de son développement, comme autant de marqueurs l'intégrant progressivement à la communauté. Le maintien de ces rituels protège sans doute d'un éclatement des structures sociales. Restent malheureusement d'autres pratiques, comme les avortements provoqués de fœtus féminins : même dans un pays en pleine évolution, il est dur de faire évoluer la perception que les femmes elles-mêmes ont de leur propre condition.

Au Viêtnam, des naissances plus sécurisées

Certes, la pièce où cette femme accouche, dans une maternité de village, est spartiate. Mais des professionnelles sont là, et l'hygiène est respectée. Bien qu'il panse les plaies de trente années de guerre et connaisse de grandes difficultés économiques, le pays a cependant mis en place une politique de santé qui, dans plusieurs domaines, donne des résultats positifs : vaste programme de vaccinations, baisse significative de la mortalité infantile passée de 160 à 42 ‰ et d'un contrôle des naissances qui a fait régresser la fécondité de 4 à 2,5 naissances par femme.

les femmes et la maternité

Tout autour du monde, la ronde des porte-bébé

L'une, en Amérique centrale, le tient au chaud contre son cœur, petit baluchon dodu emmitouflé dans l'étoffe solidement nouée. L'autre, Indienne Quechua sur le marché de Pisac, dans la haute cordillère des Andes, l'a juché sur un ballot arrimé par un poncho. Partout où il faut marcher, voyager, travailler, aller puiser de l'eau ou cultiver la terre sans se séparer de l'enfant, chaque ethnie a inventé, en fonction de son mode de vie et du climat, son style de porte-bébé. En Nouvelle-Guinée, c'est un nid en filet. En Amazonie, une sorte de baudrier de fibres tressées ou de bande tissée. Au Mali, un sac à bébé qui ceinture les hanches. Au Cameroun, on préfère une sorte de gibecière en peau de chèvre teinte à l'ocre. Quant aux mères groenlandaises, elles mettent leur enfant à l'abri du froid dans la vaste capuche de leur anorak en peau de phoque annelé. Dans bien des cas, on ajoute des éléments cliquetants, des amulettes destinées à chasser les mauvais esprits. Face à cette diversité des porte-bébé ethniques, leurs copies d'Occident paraissent peu créatives.

01-02-55
02
01-02-65

Vie quotidienne pour un jeune homme Ouïgour

Les Ouïgours constituent l'une des cinquante-cinq ethnies de la Chine. Ils vivent à Kachgar, près de la frontière du Kirghizistan, et sont musulmans. Comme n'importe quel jeune Européen ou Américain des populations nanties, l'enfant dispose d'un mobilier à sa taille, moitié meuble et moitié jouet éducatif. Il porte aussi le plus commode des vêtements, spécialité de la Chine, de la Sibérie et du pôle Nord : la culotte dite, par certains ethnologues, « à courants d'air », qui permet au jeune enfant de satisfaire ses besoins naturels sans salir ses vêtements. S'il a une sœur, ils partageront l'amour de leur mère et leurs jeux jusqu'à ce que la fille soit pubère. Ensuite, celle-ci sera peut-être voilée, mais dans un islamisme modéré, proche du soufisme. Ou peut-être, comme lui, entrera-t-elle en résistance contre la « sinisation » imposée. À moins que tous deux ne l'acceptent et vivent le déchirement entre leur religion, leur culture et le modèle chinois.

Scène de bonheur aux tréfonds du Venezuela (page suivante)

Un rire. Un regard d'amour et de fierté sur l'enfant rondelet qui gigote dans son hamac. On peut être pauvre dans un baraquement rudimentaire (ici, sur un campement de chercheurs d'or) et vivre une maternité jubilante. Au Venezuela, la prospérité ne coule pas avec le pétrole. Mais dans son ensemble, exception faite des Amérindiennes qui subsistent difficilement aux confins de la Guyane, la population féminine, éduquée, informée, n'est pas parmi les plus défavorisées du continent sud-américain. On peut y être mère avec plus de bonheur spontané que d'appréhension.

Albanie, un seul recours dans la détresse

Juste une main où s'accrocher, une main pour rassurer le petit garçon au regard traqué. Celle d'une Kosovar en Albanie. Comme beaucoup d'autres, ailleurs, dans un monde déchiré, elle a erré, perdue, solitaire, démunie, souffrant de tous les maux des femmes victimes des guerres. Mais elle a mis toutes ses forces à protéger son enfant du pire, à le rassurer. L'instinct maternel résumé en un seul geste.

Afghanistan, un retour vers la normalité

L'après-talibans dans l'Afghanistan ravagé. Interdites de tout, les femmes ont pu enfin, dans une relative sécurité, sortir de leurs maisons-geôles pour faire soigner leurs enfants et trouver pour elles-mêmes une aide médicale.

Ici, dans la ville d'Herat, autrefois célèbre pour son travail de la laine, ses fourrures d'astrakan et ses tapis, elles se pressent, confiantes, à la clinique Minaret, où une équipe de Médecins du monde assure ce que l'on pourrait appeler la consultation de « protection maternelle et infantile ».

À Mexico, l'art de loger sa famille

Près de 22 millions d'habitants, c'est-à-dire le quart de la population totale du Mexique, s'entassent dans la capitale, subissant une pollution terrifiante et une délinquance record. Même si, contraception aidant, la fécondité a diminué dans les milieux éduqués, elle reste importante chez les moins favorisés, et, sans parler des bidonvilles des périphéries, le surpeuplement sévit de façon endémique. Les familles, même si elles ne sont pas dans la misère, se logent comme elles le peuvent, les femmes faisant souvent preuve de beaucoup d'astuce pour assurer un minimum de confort. Carmen, par exemple, qui a essayé de préserver dans son logis des territoires particuliers : les trois enfants, Nayalit, Brenda et Marco Antonio partagent un même lit près de la fenêtre ; une armoire les isole du coin où dorment les parents. Et comme le font beaucoup de petites filles, Nayalit, lorsque son père à quatre heures du matin part au travail, vient vite occuper la place vacante près de sa mère.

Au fin fond de la solitude, une jeune mère Lacandon

Une cahute misérable, un bébé dans les bras, une jeune enfant au premier plan. Juste assez pour donner, loin de tout folklore, une image de ce qu'est, aujourd'hui, la situation des Indiens Lacandon qui vivent dans les sylves du Golfe du Mexique, pas bien loin de Palenque, magnifique site de la civilisation maya, et du côté de Bonampak, autre témoin de leur passé fabuleux. Infrastructures : néant. Équipements médicaux : trop lointains et trop chers pour être accessibles. Revenus : pas même chiffrables. On dit qu'ils sont, en droite ligne, les héritiers des Mayas d'antan. Longtemps, ils ont résisté aux missionnaires chrétiens et au rouleau compresseur d'un Mexique qui n'était pas le leur. Aujourd'hui, on estime leur nombre à 200 ou 300, et l'on sait que, spoliés de leurs terres par les grandes exploitations agricoles ou les entreprises industrielles, ils n'ont plus d'autre choix que disparaître ou se battre.

En famille, un accouchement à la maison dans les Chiapas

Au Mexique, des Mayas, peut-être mieux adaptés à la société contemporaine ou plus capables, parce que plus nombreux, défendent leur droit à l'existence. Il n'empêche que par tradition – ou faute d'équipements médicaux fiables de proximité –, les femmes mettent leurs enfants au monde chez elles ou, plus souvent, chez leur mère. Exactement comme on le faisait encore classiquement en France, en Europe et en Amérique du Nord il y a moins d'un demi-siècle, ou ailleurs aujourd'hui, avec l'aide d'une sage-femme, d'une matrone expérimentée, voire dans le meilleur des cas d'un médecin généraliste. Avec des chiffres à produire aux partisans inconscients de l'accouchement « naturel » comme autrefois : dans les pays où les accouchements sont assistés par un personnel médical spécialisé, que ce soit la Chine, la Russie, l'Amérique du Nord ou une bonne partie de l'Europe, le nombre des décès des mères est inférieur à 100, parfois à 10 pour 100 000 naissances. Dans les autres, il grimpe à 1 000 ou plus : par exemple 2 300 au Rwanda. Est-ce ainsi que les enfants doivent naître ?

Geste d'offrande rieuse dans un foyer cubain

Au Moyen Âge, dans certaines régions françaises, on appelait les sages-femmes des « leveuses d'enfants », parce qu'elles les faisaient naître du ventre maternel et parce que leur premier geste, en prenant dans leurs mains le nouveau-né, était de le lever à bout de bras vers la lumière. Ce geste est encore, bien souvent, celui des médecins accoucheurs. Il est bien plus rituel que médical. Et c'est aussi, partout, comme ici dans une joyeuse famille cubaine, celui des mères comblées. Lever son enfant est un geste ludique mais chargé de sens. On le présente comme un trophée. On se complaît à le faire admirer, dans sa nudité potelée. Mais surtout on l'offre à la vie, en ne rêvant pour lui que de bonheur.

les Femmes dans la tourmente

Leila Sebbar

De mère française et père algérien, Leila Sebbar est un exemple parfait de la richesse et des déchirements engendrés par le mélange de deux cultures. Romancière, nouvelliste, engagée, sans cesse combattante, elle écrit avec violence et tendresse pour dire la misère, la révolte, l'injustice, le déracinement et les espoirs enracinés. En témoigne chacun de ses livres comme Le Chinois vert d'Afrique, Je ne parle pas la langue de mon père *ou sa trilogie romanesque* Shérazade. *La nouvelle qu'elle a spécialement écrite pour ce chapitre est un condensé de ce que peut vivre aujourd'hui, lucidement, une jeune Maghrébine au cœur de toutes les tourmentes.*

À Bethléem, la marche des colombes

Elles disent « *Salam* » ou bien « *Shalom* », le même mot, ou presque, « paix » en arabe et en hébreu. Avec d'autres, hommes et femmes venus d'Europe ou d'Amérique du Nord, elles le scandent, au cours de cette marche pacifiste, à un poste de contrôle de la ville où la religion chrétienne situe le lieu de naissance du Christ. Elles sont les colombes obstinées, les fragiles Pénélope s'efforçant inlassablement de renouer les fils sans cesse rompus du dialogue entre leurs deux peuples fratricides.

Elle a sept ans.

Son père avec le long couteau, une lame effilée, pointue (la bête souffrira moins), penché sur le mouton à terre, pattes garrottées, s'applique à son devoir de père de famille attentif et adroit, lentement, sûr de son geste (s'il était gaucher, il confierait son couteau à un cousin ou un voisin droitier, on sait que la main gauche est la main de *Cheitan*, le diable), il dit les mots sacrés et, dirigé vers la ville sainte, il égorge le mouton de la fête. Une fête pour son fils. Il aime ses filles, oui, mais un fils est un fils. Son fils.

Elle regarde le sang qui coule, agité par les soubresauts de la bête. Rouge, épais, presque noir. Sur la terre, des taches, le sang absorbé fait des dessins sombres, pas rouges. Les enfants, les voisins suivent le père, il va suspendre le mouton, pour le dépouiller ; la peau sanglante, les femmes la lessivent et la tannent, elles savent. Elle reste seule. Le sang n'est plus du sang. La bête n'a pas gémi ni crié. Elle ne rejoint pas l'attroupement au pied de l'arbre. Ne pas voir la tête, le cou rouge encore, posée sous le corps dont le père à petits coups habiles et rapides détache la peau, ne pas voir les veines minuscules qui saignent. À sa mère qui tient le nouveau-né emmailloté, des linges blancs bandent le corps de l'enfant, on ne voit plus le sang de la mise au monde, elle demande si, pour son premier jour de lumière, son père a égorgé un mouton ; si la peau de la bête a servi l'hiver dans la maison froide ; si la laine prélevée, on l'a gardée pour tisser le petit tapis de prière que sa mère garde dans la grande chambre où les enfants ne vont pas. Elle est contre les grosses fleurs rouges de sa robe, le henné de la main caresse sa joue. « Tu n'es pas contente d'avoir un petit frère ? Tu n'es pas contente de la fête ? Toi aussi tu auras un cadeau aujourd'hui ! Tu ne vas pas pleurer. C'est un beau jour. Le plus beau jour de ma vie ! » Elle n'écoute plus. Regarde sa mère, heureuse, son petit frère, endormi, les joues roses, heureux.

Elle a douze ans.

Les grandes de l'école parlent entre elles. Parfois elle écoute. À plusieurs reprises, le mot sang. Elle se rappelle, il y a quelques jours, les taches rouges sur la gandoura blanche du frère. Elle a pensé à des coquelicots dans les blés, à la ferme du grand-père il y a des coquelicots. Elle ne les ramasse plus, les fins pétales deviennent noirs, ses doigts aussi. Le circonciseur est venu à la maison. Elle sait pourquoi. Les hommes se sont enfermés avec l'enfant. Tout s'est passé très vite. Elle a entendu un petit cri et plus rien. Sa mère et ses tantes se sont mises à parler toutes à la fois, elle les entendait depuis sa chambre, allongée sur le lit, faisant semblant de lire. Sa mère l'a appelée, il fallait participer à la réjouissance, le frère appartenait désormais à la maison d'islam, et elle ? Elle n'a pas posé de question. Encore une fois le mouton, pour la famille élargie. Encore une fois, dans sa chambre porte et fenêtres closes, elle s'est allongée avec un livre. Elle n'a pas fait semblant de lire. Elle n'a pas répondu à l'appel. Personne n'est venu la chercher. Et les grandes de l'école qui parlent de sang. Quel sang ? Leurs mères ont accouché dans le lit de la chambre conjugale. Elles ont des petits frères qu'elle écoute. Ni mère ni frère. Elles disent le sang qui s'écoule de leur corps et qu'une femme saigne, chaque mois, plusieurs jours. L'endroit du corps d'où sort l'enfant après ce que fait un homme avec une femme, c'est le même. Elle ne sait pas si elle comprend. Elle ne demande pas aux grandes, ni à sa mère, ni à sa grand-mère. Mais lorsqu'elle voit du rouge sur sa culotte en coton blanc, elle tremble, elle pleure, elle ne veut pas comprendre. Elle cache sa culotte, le sang a noirci, il ne s'est pas arrêté. Elle comprend. Sa grand-mère dit à sa mère : « Dis-lui, maintenant, n'attends pas, que la rue est interdite et les garçons étrangers aussi, les amis du frère et des cousins ; dis-lui que ces jours-là, elle ne t'accompagnera pas à la mosquée, et que plus tard elle ne pourra pas jeûner, ni prier ; dis-lui, qu'elle sache ce que doit savoir une bonne petite musulmane. » Sa mère lui a rapporté les paroles de l'aïeule. À partir de ce jour, elle a regardé la vie depuis la grille, au fond du jardin planté d'orangers et de rosiers églantine, jusqu'au jour où tout a explosé, les voitures, les hommes, les femmes et les enfants.

Elle a seize ans.

Une insurrection avec du sang, encore du sang. On dit que des femmes et des enfants sont égorgés, comme les moutons de l'enfance et des fêtes, ces fêtes pour les garçons et pour Dieu. On dit que des jeunes filles de son âge sont enlevées jusque dans la maison de leur père. On ne lui dit pas pourquoi ni ce qu'elles deviennent. Elle le devine. Elle sait qu'une fille est l'invitée dans la maison de son père, jusqu'au mariage. Le mariage. Sa mère l'emmenait dans les mariages de la famille. Petite, elle s'est amusée, elle a appris la danse du foulard avec les cousines et les femmes. Mais lorsqu'elle a vu les vieilles à la porte de la chambre nuptiale, excitées, impatientes, s'emparer du mouchoir, l'examiner, le renifler, les taches de la nuit de noces étaient larges, encore rouges, ce n'était pas du sang de pigeon, du vrai sang de femme ; lorsqu'elle les a entendues pousser des cris sauvages pour clamer haut et très fort l'honneur de la tribu ; lorsqu'elle a vu la jeune mariée pâle sur le seuil, et son sourire de poupée, elle a dit à sa mère : « Un mariage avec du sang, le sang de mon corps sous les yeux des sorcières qui hurlent à la fenêtre de tous les vents, la couleur rouge de mon honneur, de l'honneur de ma famille ! Où est la pudeur, où est l'honneur ? Ce mariage-là, jamais ! » Et le jour où, au hammam, elle a senti le regard des matrones, les mères avec un fils à marier, sur son jeune corps de vierge ! Dans les vapeurs du bain, elle ne s'est pas méfiée de ces regards qui jugent, des regards indécents, meurtriers. Depuis ce jour-là, elle n'a plus accompagné sa mère et ses sœurs. Elle n'a pas expliqué son refus. Pour le *hijeb*, elle n'a pas dit non, elle n'aurait pas franchi la grille derrière les roses églantine, elle aurait abandonné l'école et les livres. Son père l'a ordonné, le *hijeb* à sa femme et ses filles, dehors ; la grand-mère est toujours sortie voilée, ce beau voile blanc, coton et soie, avec lequel elles jouaient, ses sœurs et elle, au moment de la sieste, l'été. Pour l'instant, elle obéit. Tous les jours des crimes sanglants. Elle ne veut pas mourir. Mais ceux-là qui, sous peine de mort violente, de viol dans les maquis, de décapitation, obligent les femmes à la claustration, à la soumission, à l'ignorance, ceux-là ne gagneront pas. Elle en est sûre. Elle a la patience, la plus belle des qualités, la qualité préférée du Prophète. D'autres avec elle sauront résister, quand il le faudra, à tous les talibans de l'univers, avec l'aide de ses sœurs, celles-là mêmes qui portent le *hijeb* en pays d'islam, et au-delà. Elles sauront les convaincre que les signes imposés sont contraires à l'hospitalité, à la générosité, à la liberté.

Elle a vingt ans.

Elle dit qu'elle sera écrivain. Elle cache ses poèmes dans les pages d'un vieux dictionnaire Larousse, le grand en maroquin rouge, celui qu'elle feuillette dans la bibliothèque de la ferme, seule à la grande table en bois d'olivier. Toujours à la même place, à côté du Coran enluminé. À sa mère, qui lui décrit l'époux idéal (elle a refusé plusieurs prétendants, l'islam autorise la jeune fille à choisir l'époux elle-même, parmi ceux qu'on lui propose). « Père et mère ne sont-ils pas les mieux placés pour savoir quel sera le meilleur époux, pour leur fille, le meilleur père pour ses enfants ? » Ainsi lui parle sa mère à qui elle répète qu'elle veut voir le monde avec ses yeux et son corps, pas seulement le lire dans les livres, le regarder à la télévision. « Tu veux aller là où il y a la guerre, les morts, le sang ? C'est ça, pour toi le monde ? » — Oui, dit la fille à son père qui ajoute : « Tu penses qu'on n'a pas eu assez de malheurs et de sang dans notre pays, tu veux voir ailleurs ce que tu as vu et entendu chez toi ? Je ne comprends pas, ma fille, je ne comprends pas ! » « J'irai, j'aurai une carte de presse, j'irai là où vivent les femmes en *burka* bleue, là où vivent les femmes en *tchador* noir, là où des femmes vivent la mort avant la mort, le corps mutilé et le cœur en détresse. » « C'est bien, ma fille, tu es généreuse, tu as raison, mais la vie d'une femme, c'est la maison, pas le monde entier ; un époux aimant, aimé, pas tous les hommes ; des enfants nés de son ventre, pas tous les enfants. » « Je sais, mère, tu me l'as déjà dit et père aussi, je sais ! » Mais.

Elle n'a plus vingt ans, elle est écrivain.

À Mostar-Est, la survie dans les décombres

C'était une jolie ville, Mostar, en Bosnie-Herzégovine. Jusqu'aux années 1980, ses deux communautés – musulmane et croate – y vivaient en paix sinon en harmonie. Tito avait su juguler les velléités séparatistes. À peine était-il mort qu'entre émeutes et répressions tout commençait à s'envenimer et, à partir de 1989, explosait. En quatre ans d'horreurs entre Bosniaques, Croates et Serbes, le déluge s'est abattu sur Mostar, devenu un champ de ruines où l'on pleurait les morts. Aujourd'hui, les 100 000 Mostari vivent dos à dos, Bosniaques musulmans à l'est, Croates catholiques à l'ouest, reconstruisant vaille que vaille. Mais tous ont les yeux tournés vers le *Stari Most*, le vieux pont sur la rivière. Il était l'emblème de leur ville. Lorsqu'il sauta, en 1993, les deux communautés ressentirent la même blessure. Reconstruit à l'identique sous l'égide des organisations internationales, il retrouvera peut-être son rôle symbolique de passerelle entre les deux populations.

Dans une prison argentine, le regard sans horizon

Elle est détenue à la Plata, la prison de Los Hornos. Les prisons argentines sont surpeuplées, les femmes plus maltraitées encore que les hommes, subissant promiscuité, sévices, atteintes parfois dans leur dignité par des fouilles au corps d'une extrême brutalité. Mais l'Argentine n'est pas un cas particulier. Presque partout les prisons de femmes posent les mêmes problèmes. Beaucoup de détenues le sont dans des établissements pénitentiaires mixtes, reléguées à l'écart des quartiers masculins, donc limitées dans les déplacements, les promenades ou la possibilité de recevoir des visites. Les mineures, mêlées aux plus âgées, ne bénéficient que rarement d'un régime spécial. Quel que soit le délit qu'elles ont commis, à l'origine de leur histoire on trouve, dans la majorité des cas, le viol, l'inceste, la prostitution. Enfin, deux problèmes majeurs se posent : la surconsommation de drogues et le sida.

Dans un port d'Amérique centrale, la prostitution sans espoir

Un bar à Puerto San José, Guatemala, au bord du Pacifique, fréquenté par des prostituées comme celle-ci, écroulée sur le comptoir. Ivre ou à bout de misère ? Ces bars de port font songer aux portraits tracés par les Carco, Mac Orlan, Cendrars qui se complaisaient dans la description de ces ambiances de marins, de filles, d'alcool, de sentimentalité glauque. Mais la réalité de la prostitution en Amérique du Sud, en Amérique du Nord, à Hambourg, Anvers ou ailleurs, n'a rien de pittoresque. Même lorsque les filles qui vendent leur corps n'y ont pas été amenées par les mafias de la traite des femmes, leur condition est misérable, sous le signe de la violence, de l'alcoolisme, de la drogue, du sida et de l'hépatite C. Seuls s'enrichissent les patrons de bar et les souteneurs.

En Afghanistan, des promeneuses sous escorte

Dans un pays relativement libéré et totalement déconstruit, le vendredi, jour de repos et de prière, elles sortent en famille, mais sous bonne garde. Le *tchadri* les transforme toujours en fantômes. Celles qui osent s'en délivrer sont encore rares. Les unes ont peur d'un retour des talibans. Les autres ne songent même pas à commettre ce geste impie. Une grande confusion règne dans les mots à propos de ce voile islamique. Son nom générique est *hijeb* mais se décline différemment : *tchador* en Iran, où il signifie « tente », *burka,* ou *tchadri* en Afghanistan. Généralement, aujourd'hui, on considère que le « voile islamique », ou le *tchador* iranien, doit cacher cheveux et cou. Le *tchadri*, d'étoffe épaisse, dissimule tout le corps, pieds et mains compris, avec uniquement une grille de coton à hauteur des yeux. Mais peut-être les Occidentales, et *a fortiori* les féministes, qui se focalisent sur ce signe extérieur d'aliénation se trompent-elles de cible. Les femmes afghanes, avec l'arrivée des talibans, ont été privées de tous les droits : celui de s'instruire, de circuler seules, de travailler, d'être soignées et, bien entendu, de dévoiler devant un homme, hors du père, du frère ou du mari, un seul pouce de leur peau. Qu'elles récupèrent d'abord tous ces droits est la première des priorités.

Au Yémen, tranquille sous la garde des kalachnikov

Assise à l'entrée de sa tente, elle berce tranquillement son enfant. Elle appartient à une tribu bédouine particulière, dont l'aire se situe au nord-est du pays qui fut la mythique Arabie heureuse de la reine de Saba, vers le Dhofar, rattaché au sultanat d'Oman après de longues années de guérilla. Les armes posées à l'entrée de la tente sont celles de son mari : tradition bédouine oblige, les hommes en portent toujours. Mais ils les utilisent fort peu, sachant trop bien que dans ces régions toujours proches de l'explosion, où se côtoient des clans soucieux de leurs prérogatives, un usage déraisonné de la gâchette entraînerait des violences inouïes en chaîne. Conséquence : on y meurt fort peu par meurtre, et la sécurité des femmes est bien plus grande que celle des habitantes des villes du Texas ou des métropoles brésiliennes comme São Paulo. Bien que musulmanes, et masquées jusqu'aux yeux, les femmes de cette tribu jouissent, en outre, d'un statut particulier de liberté. Elles ont la propriété de leurs biens et le loisir de divorcer autant de fois qu'elles le veulent si leur mari ne leur convient pas, quelle qu'en soit la raison, majeure ou mineure.

En Colombie, la terreur à tous les instants

Une femme, en tenue militaire, contrôle les passagers d'une voiture, et l'on voit la peur dans le regard terrorisé des enfants. Elle a été la première à entrer dans la légion Centaure, une organisation paramilitaire d'extrême droite dont le but est de contenir, sinon d'éliminer, les membres du FARC, les forces révolutionnaires d'obédience marxiste, et dont le moins que l'on puisse dire est qu'elle terrorise autant, sinon plus. Qu'on y ajoute les militaires de l'armée régulière, les trafiquants de drogue et de tout, les policiers corrompus, la misère des bidonvilles de Bogota avec ses enfants perdus, et l'on aura une image approximative de ce chaos qu'est la Colombie d'aujourd'hui, où tout est menaces, pillages, assassinats, enlèvements, population prise entre deux feux. L'information y est impossible. Amnesty International ne cesse de signaler des cas de syndicalistes mis « hors d'état de nuire ». Qui peut défendre le peuple colombien en l'absence d'Ingrid Betancourt ?

Près de Djibouti, la lutte contre l'excision

Sur la côte somalienne, dans l'Afar. La mère maintient sur ses genoux la toute petite fille qu'une matrone va amputer pour la vie. Aujourd'hui dans le monde, soit dans leur pays d'origine, soit dans les communautés émigrées, non seulement 6 000 enfants sont excisées chaque année avec des instruments grossiers, sans hygiène ni la moindre anesthésie, mais leur nombre augmente : 140 millions en 2000, 160 millions prévus en 2010. Des mythes africains archaïques, tel celui du vagin denté, dangereux pour le pénis masculin, ou de la fourmilière originelle qu'il fallut raser pour qu'un dieu de la vie féconde la Terre, ont généré ce rite d'initiation, admis par les victimes elles-mêmes comme le seul passeport pour accéder à l'état de femme. Petite lueur d'espoir : les quelques pays où la loi interdit cette pratique, entre autres le Sénégal, la Côte d'Ivoire, la Tanzanie, et, surtout, une certaine prise de conscience. Ainsi, au Sénégal, dans le village Ngerigne Bambara, toutes les femmes, malgré menaces et agressions, ont juré de ne plus jamais faire « couper » leurs filles.

Chiapas, la lutte pour le droit des Indiens (page suivante)

Pour obtenir une réforme agraire, la fin de leur misère, la reconnaissance de leurs droits, les Indiennes des Chiapas soutiennent la lutte du sous-commandant Marcos. Ici, elles forment une chaîne humaine autour d'un comité zapatiste. Le mouvement zapatiste d'aujourd'hui renvoie à Emiliano Zapata, le paysan indien révolutionnaire qui, au début du XXe siècle, réclamait la restitution de ses terres à son peuple spolié. Marcos, avec son charisme, demande à peu près la même chose : la reconnaissance de la culture indienne, l'autonomie des Chiapas et les droits élémentaires de tous les paysans à une vie décente.

FAVOR DE IDENTIFICARSE
ANTES DE ENTRAR

En Afrique, alphabétiser pour faire évoluer les mentalités

À l'aide d'images parlantes, une Africaine enseigne à des adultes quelques connaissances de base. Une manière efficace de combler les lacunes qui oblitèrent la vie des femmes d'un grand nombre de pays. Au Niger, 23 % seulement des filles sont inscrites à l'école primaire. Elles sont moins de 50 % au Pakistan, au Soudan, au Tchad, au Mali, en Sierra Leone. Même si certains pays comme la Guinée-Bissau, le Sénégal, la Gambie, la Mauritanie, le Congo, l'Éthiopie ou la Tanzanie peuvent afficher un doublement des inscriptions depuis 1990, ils sont partis de si bas qu'ils demeurent au-dessous de ce seuil. Concernant les études secondaires, il existe des pays tels le Libéria ou Madagascar, où les filles en étaient totalement absentes en 1990, et d'autres où leur nombre est largement inférieur à celui des garçons : 14 % au Yémen par exemple, contre 53 % de garçons. La voie de l'autonomie est à peine entrouverte.

À Kaboul, prendre la mesure du plus fou des fanatismes

Enturbanné, barbu mais néanmoins consterné, un vieux gardien du musée de Kaboul exhibe un tableau de femme nue que les talibans avaient sorti de son cadre pour l'enfermer dans une pièce close du musée. Leur comportement à l'égard du sexe féminin, de tout ce qui pouvait évoquer l'amour, le sexe, la beauté ou simplement le plaisir de vivre, est allé jusqu'à ce point de délire. N'ont-ils pas détruit, à la dynamite, l'un des patrimoines de l'humanité, les deux bouddhas de Bamyan ? N'ont-ils pas recherché et détruit, dans les maisons, les photographies où l'on voyait des femmes dévoilées et des hommes sans barbe ? Les psychanalystes se pencheront un jour sur cette véritable pathologie collective des « étudiants en théologie » – ce que signifie *taliban* –, fous de Dieu, et l'on verra, très probablement, que la folie tenait plus de place que Dieu dans leurs comportements.

Dans les Chiapas, des aiguilles pour participer à la lutte (page précédente)

Modestement, elles cousent des uniformes pour les unités zapatistes. Dans la jungle des Chiapas, il est beaucoup plus facile d'exhumer les ruines de temples vieux de trois millénaires que d'accéder à un niveau de vie décent. En 2001, à Mexico, Marcos avait clairement exposé les revendications zapatistes, notamment sur le thème de l'autonomie. Entendu mais peu suivi par le gouvernement, il a franchi un nouveau pas en août 2003, en organisant unilatéralement l'autonomie de trente villages.

À Cuba, les larmes d'un quotidien souvent difficile

Sous les images pieuses, elle pleure. Peut-être parce que, machisme toujours présent, son mari s'est comporté brutalement. Peut-être parce que la situation économique est difficile. Peut-être encore parce que Castro le révolutionnaire est devenu Castro le dictateur, et qu'il ne fait pas bon s'opposer à son régime. Revers de la face lumineuse de l'île, avec ses performances en matière de santé et d'éducation, sa joie de vivre et son rhum, voici sa face obscure, qui pèse de plus en plus.

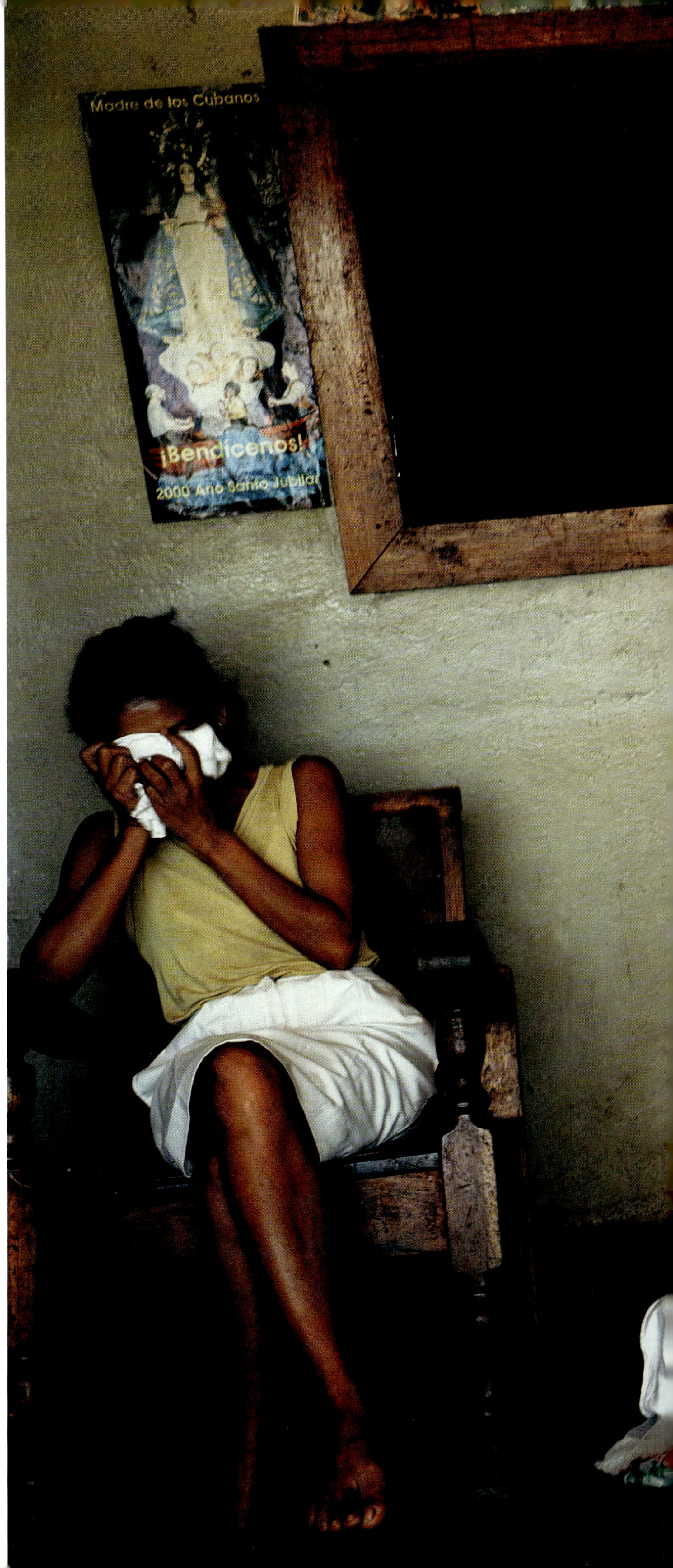

ESUCRISTO EN TI CONFIO

Au Sud-Soudan, se dire adieu la mort dans l'âme

Leurs mains ne veulent pas se quitter. Il part pour le front. Ils ne se reverront peut-être jamais plus, ou dans quel état ? La guerre ignore l'amour. Le Soudan est l'un des pays d'Afrique les plus malmenés : vingt ans de conflits entre le Nord et le Sud, de luttes tribales qui à peine éteintes se rallument, des milliers de morts, des famines récurrentes, et tant de femmes et d'enfants dans un état de détresse absolue. Le Soudan n'est pas le seul pays où les conflits détruisent vies et foyers. Ils embrasent tout le globe, de l'Afrique à l'Amérique latine, de la Tchétchénie aux Philippines, de l'Indonésie au Moyen-Orient. Aux hommes, les armes. Aux femmes, les larmes.

En Casamance, agir contre le fléau du sida

Chaque jour, en Afrique, le sida tue 6 300 personnes. Plus de la moitié sont des jeunes femmes qui n'ont pas pu ou pas su imposer à leur partenaire les précautions indispensables. Si, avec moins de 5 % de séropositifs, le Sénégal ne figure pas parmi les pays les plus sinistrés, c'est que justement les femmes, créant des comités, informant, mettant sans cesse en garde, prennent une part importante à la lutte. Ailleurs, essentiellement en Afrique subsaharienne, la situation est catastrophique, avec des taux supérieurs à 20 %, et les femmes sont particulièrement frappées. Mais ni l'Amérique latine et les Caraïbes avec 24 millions de séropositifs, ni l'Asie du Sud et du Sud-Est avec 120 millions, ni l'Europe orientale et l'Asie centrale avec 12 millions ne sont épargnées. L'avancée vers l'exportation de médicaments génériques à bas prix dans les pays où, trop coûteux, ils ne pouvaient être mis en œuvre sera un immense progrès. Mais l'important demeure la prévention. Et les réseaux de femmes peuvent y jouer un rôle fondamental. Question de vie ou de mort.

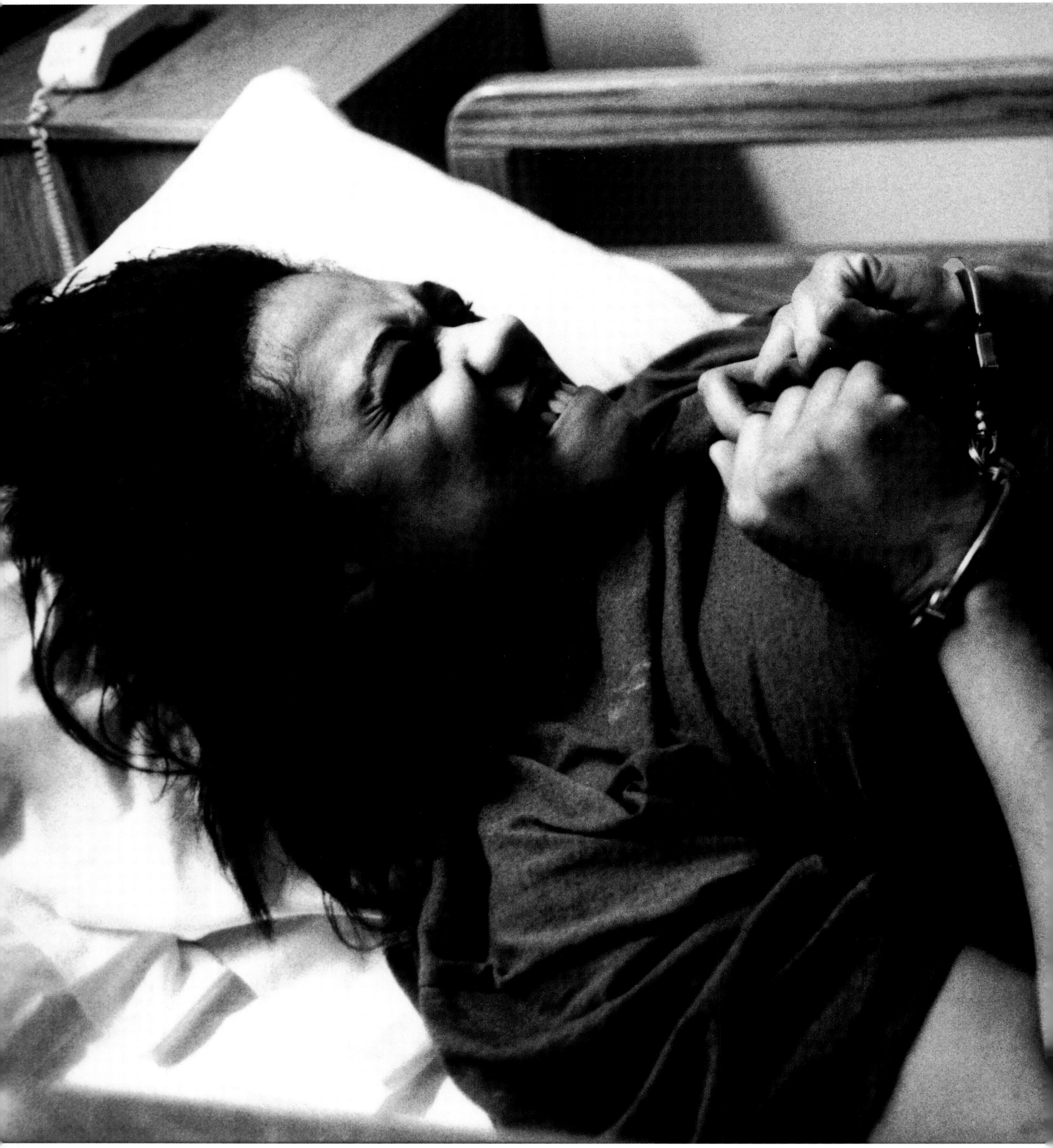

À Sarajevo, le fond de la détresse (page précédente)

Dans ses bras, son enfant affolé. Sur son visage, toute la détresse, toute la misère, toute la douleur de celles qui n'en peuvent plus d'être sans cesse guettées par la mort, le deuil, le viol, la faim, la fuite. On évalue de 35 à 45 millions le nombre mondial de réfugiés, y compris à l'intérieur de leur propre pays, et 50 à 55 % sont des femmes. Certaines ne s'en remettront jamais. Aucune ne pourra jamais oublier.

Dans l'Alaska, accoucher dans la pire violence

Examen gynécologique d'une détenue de la prison d'Anchorage, en Alaska, avant qu'elle ne soit accouchée par césarienne. Deux gardiens se tiennent devant la porte ouverte. Ses mains sont menottées. L'Alaska n'a malheureusement pas l'exclusivité de cette barbarie. Amnesty International en dénonce d'autres cas dans le monde, y compris en France. On ne sait quels dangers peuvent représenter ces femmes au moment où elles accouchent. Mais il est certain que les enfants innocents nés dans cette violence en seront les victimes.

En Inde, la banalité de la prostitution sans frontières

Elle attend le client, dans une rue sans joie. Si, en Inde, la prostitution est illégale, non seulement elle est largement pratiquée mais on y évalue à 450 000 le nombre de prostituées de moins de 18 ans. Toutes, tant s'en faut, ne sont pas des natives. Il existe désormais de vastes courants migratoires liés à la pauvreté. Les Birmanes vont vers l'Inde ou, comme les Cambodgiennes, en Thaïlande ; la Chine, le Laos, le Viêtnam, la Malaisie exportent vers l'Amérique du Nord, l'Europe occidentale, le Moyen-Orient – Israël compris – et l'Australie ; l'Europe de l'Est vers l'Europe de l'Ouest ; etc. Entre 2000 et 2001, on estime au minimum à 225 000 le nombre de femmes et d'enfants sortis d'Asie du Sud-Est pour être vendus ailleurs. Ils seraient 150 000 originaires d'Asie du Sud, 100 000 des pays récemment indépendants, autant d'Amérique latine et des Caraïbes, 75 000 d'Europe de l'Est et 50 000 d'Afrique. Les économistes libéraux ne s'étendent guère sur cet aspect de la mondialisation.

À Paris comme ailleurs, les bonnes affaires du sexe

De plus en plus jeunes, de plus en plus venues d'ailleurs, attirées dans des pièges, parfois vendues ou carrément kidnappées, dépourvues de titre de séjour, misérables, elles feraient presque, dans les grandes villes d'Europe, regretter le temps des tapineuses et de leurs macs. On est passé peu à peu de l'artisanat à l'industrie délocalisée. En France, où la prostitution « sur le trottoir » est théoriquement prohibée, et ailleurs, tout est parfaitement organisé en réseaux mafieux qui, souvent, misent à la fois sur la prostitution et la drogue, assurent l'import-export, la gestion des cheptels et empochent les bénéfices. Le marché du sexe est à la hausse et rapporte gros : 25 milliards de dollars chaque année en Thaïlande (14 % du PNB), dont 300 millions sont reversés par les femmes qui exercent en ville à leur famille dans les campagnes ; plus de 3 milliards en Indonésie (2 % du PNB). Le chiffre d'affaires de la prostitution en ligne aux États-Unis a été, en 1997, de 1 milliard de dollars.

En Cisjordanie, le courage à toute épreuve

Elle sourit à la porte de son baraquement en parpaings, au confort inexistant, à l'hygiène aléatoire. Elle supporte courageusement le quotidien précaire. Elle fait partie des quelque 4 millions de Palestiniens réfugiés, pour la plupart parqués dans cinquante-neuf camps disséminés entre la Cisjordanie, la bande de Gaza, la Jordanie, le Liban et la Syrie. La première vague de ces réfugiés a déferlé en 1948, lors du premier conflit israélo-arabe, et la deuxième lorsque l'État hébreu, en 1967, prit possession de la Cisjordanie. Plusieurs générations y sont nées. Le droit au retour est encore une utopie. Elle vit de patience et d'un peu d'espoir.

Au Sud-Soudan, les larmes du deuil (page précédente)

La mort est brutalement tombée du ciel sur un village de l'ethnie Dinka. Les femmes ont pansé les blessés, enterré leurs morts, elles pleurent et crient leur désespoir. Dans les innombrables régions du monde où les armes ne cessent de parler, le sort des civils, quand il en reste, et particulièrement celui des femmes et des enfants, est peut-être pire encore que celui des combattants. Rien pour se protéger du danger, de la violence, des massacres, du viol. Les civilisations meurent. La barbarie semble éternelle.

À Priština, l'énergie, le sourire et les roses

Elles sont jeunes. Elles reconstruisent leur ville et leur vie. Comme Sarajevo, Mostar et bien d'autres villes encore, Priština, au Kosovo, est l'une des villes martyres du conflit yougoslave. Tout y fut orages et rage, massacres, bombardements, épuration ethnique. Saccagée, l'université. Brûlée par la police et les paramilitaires serbes, avec tous ses documents, la maison des Écrivains que la population appelait « la maison de la Démocratie ». Déportés les Albanais, vers des régions frontalières. À peine la paix se restaurait-elle lentement, sous le mandat de l'ONU, qu'ils revenaient. Ils ont retrouvé des ruines, des champs en friche. Et ils se sont mis au travail. Vieux et jeunes. Garçons et filles. Tout n'est pas réglé, rien n'est facile. Mais la société civile a émergé. Doucement, l'économie redémarre. Le pays est entré dans une nouvelle phase de son histoire. Les jeunes femmes de Priština l'incarnent.

les Femmes et la parure

Françoise Gründ

Peintre, créatrice, docteur en ethnoscénologie, universitaire, Françoise Gründ associe deux traits de caractère qui la dépeignent presque tout entière : infatigable voyageuse, insatiable curieuse. Partout sur la planète elle a posé son sac pour s'immerger dans les populations, découvrir, comprendre d'où naissent les cultures, ce qu'elles signifient, puis les défendre obstinément. Jusqu'en 1998, elle a été la directrice artistique de la maison des Cultures du monde, vivier de connaissances, pépinière de vocations d'ethnologues, lieu d'expositions, de découvertes et d'émerveillements. La parure, telle qu'elle nous la conte ici, est une part de son bagage.

Gestes inspirés pour un acte sacré

Maquillage précis, choix longuement étudié des étoffes évanescentes et des bijoux. Le corps et le visage de Rukmini, gracile Vénus bengalie de haute caste, sont au service d'une danse sacrée, ritualisée, qui en fera l'intermédiaire entre les hommes et les dieux. Chaque détail compte dans sa quête d'une perfection dont l'esthétique est indissociable d'un profond mysticisme.

Aussi loin que l'on puisse remonter dans le temps ou voyager d'un continent à l'autre, d'une culture à l'autre, la parure apparaît comme un dénominateur commun des humains en général, et des femmes en particulier. Désir narcissique, outil dans le grand jeu amoureux, signe d'appartenance à une ethnie, code social ? Ce peut être l'un ou l'autre. Et le plus souvent tout cela imbriqué.

Avec les soins apportés au corps lui-même commencent les rites de l'embellissement. Par la peau, ointe d'huiles de rose, de jasmin, d'iris, de jacinthe qui la font briller et la parfume : la nature à peine sublimée. Par les cheveux, huilés, tirés, tressés, bouclés, échafaudés, rasés en partie ou en totalité, colorés ou peints, comme les ongles, qui déjà comportent un élément singulier : ils ne semblent plus appartenir à celles qui jouent avec cet élément situé entre le mort (parce qu'insensible) et le vivant (parce que continuant sa croissance même après le dernier souffle).

Plus mystérieuses encore se révèlent les métamorphoses imposées au corps. Le percement de la chair, dans un but décoratif, atteint quelquefois des niveaux troublants. Si la plupart des femmes se font trouer les oreilles pour porter plus commodément anneaux et pendentifs, certaines tirent avantage de la dimension de l'orifice qu'elles considèrent comme un critère esthétique. Une habitude décorative peut voisiner avec un danger de mort : les « femmes-girafes » du nord de la Thaïlande superposent progressivement des anneaux de cuivre autour de leur cou, qui s'allonge démesurément, et les vertèbres qui finissent par flotter ne soutiennent plus la moelle épinière. Si la femme se sépare de son bijou, elle meurt. En fait, la manipulation de la structure osseuse touche un désir de métamorphose extrême et voisine avec la volonté de créer à la manière d'un dieu.

Les tatouages, venus du Pacifique mais répandus dans le monde entier, n'affectent que l'épiderme dans un but décoratif. Autrefois privilèges des hommes, ils gagnent aujourd'hui des adeptes féminines. En revanche, les scarifications et les inclusions deviennent de véritables sculptures dans la chair en atteignant les couches profondes du derme – certaines, telles celles des femmes du nord du Cameroun, couvrant le corps tout entier. Elles possèdent une signification et désignent le clan de la porteuse, le nombre de ses frères et sœurs, sa fonction, sa position dans le village et sa participation dans les rituels.

Sur le corps ainsi sublimé viennent se poser les parures proprement dites : les étoffes qui le voilent ou le dévoilent, et surtout les bijoux. Parfois si simples que l'on pourrait les imaginer parant Ève au paradis terrestre. Parfois relevant d'un art d'une sophistication absolue.

Les végétaux forment un ensemble d'ornements aussi vieux que le monde. Les fleurs, les feuilles et les bourgeons parent les cous, les bras, les nuques et les chignons en apportant la note parfumée qui fait vibrer la peau. Mandodhari, l'épouse de Ravana, le roi-démon à dix têtes, maître de Lanka, dans l'épopée du Ramayana, se rend dans les jardins d'Ashoka, chers au cœur de son époux. Pour orner sa chevelure, elle s'apprête à cueillir un bourgeon d'aréquier mais arrête brusquement son geste : le jardin ne doit pas être touché, même par elle, la reine. Elle arrache ses joyaux, les jette à terre et les piétine. Que valent ces pierres précieuses en comparaison de la tremblante pousse à peine née qui viendrait mourir près de son oreille ? En Inde, au Maghreb, les guirlandes de jasmin s'enroulent le soir au-dessus de la nuque des amoureuses. En Orient, le gardénia dépassant d'une boucle ou piqué dans une tresse sombre embaume la nuit. Les pétales tropicaux enfilés sur des tiges ligneuses remuent en cordons voluptueux sur la poitrine des Tahitiennes.

Il y a enfin l'immense éventaire des bijoux façonnés, conçus pour durer. Parmi les métaux, l'or occupe sans doute la première place, mais seulement depuis une période assez récente, qui se situerait en Occident à l'aube du Moyen Âge. Métal qui s'oxyde peu et dont l'éclat ne ternit pas, il passe pour être le « support de l'éternité ». En Orient, en Inde, en Amérique latine ou dans les pays du Caucase, le port de l'or devient une sorte de sauf-conduit doublé d'un gage de respectabilité urbain ou paysan : si le désir de séduire incite les femmes (comme les hommes) à placer des ornements sur diverses parties de leur corps dans certains milieux, l'acquisition d'un bijou correspond également à une revendication identitaire. Sans aucune parure, la jeune fille, l'épouse, la mère ou l'aïeule répondrait-elle aux critères de la féminité ?

Les minéraux se mêlent souvent aux matières métalliques. Pierres précieuses et semi-précieuses au nom de poèmes – « lèvres de grenat », « cou de jade », « teint d'opale », « œil d'émeraude » – font frissonner les belles qui les convoitent et le disputent en délicatesse aux fragments de cristal, de porcelaine, de céramique, d'argile cuite ou de perle. Comment départager la beauté entre la tiare de diamants et d'émeraudes de Catherine II, impératrice de toutes les Russies, et le *perak*, coiffe aux ailes et à la queue de turquoises battant le dos d'une paysanne du Ladakh ? Liées au mystère des origines, car extraites du cœur de la Terre, les pierres gardent dans leur eau une trace du processus de la création du monde. Faire miroiter un diamant à son doigt, c'est peut-être se souvenir qu'un dieu aurait séparé les ténèbres de la lumière ?

La matière animale apporte aussi une importante contribution. Elle fournit des supports décoratifs exceptionnels, à la fois par les qualités plastiques de sa structure et par la sensualité qui demeure dans ce qui ne pourra jamais devenir un substrat inerte. Ainsi les coquillages en colliers, les cauris formant des motifs sur les coiffes des guérisseuses de Côte d'Ivoire, les nacres géantes, talismans de fécondité, ornant la poitrine colorée de rouge des femmes huli de Papouasie-Nouvelle-Guinée, les griffes de tigre des femmes du Nagaland, les torques d'ivoire des femmes jorai des plateaux vietnamiens ou les coraux glanés dans les mers lointaines au cou des commerçantes de Kazan et des riches épouses des nouveaux boyards de la Volga.

Aujourd'hui, en Occident, les bijoux fabriqués à partir de matières synthétiques telles que le plastique (dérivé du pétrole donc du minéral) ou de matériaux détournés – le papier – (provenant du bois ou du chiffon) adoptent des formes abstraites. Ils contribuent à créer, sur le corps, un environnement qui rejoint celui d'un monde où la technologie domine. Là encore, la parure reste en accord avec la société et la culture dont elle est issue.

Comme les matériaux, les thèmes des ornements sont innombrables. Les formes géométriques employées depuis la naissance du concept ornemental résultent d'un jeu avec la matière exercé par les créateurs de la préhistoire : fils, boules, plaques, cercles spirales, spirales constituent à la fois des expériences esthétiques mais aussi des témoignages de ce que le hasard révèle. À l'origine, ces abstractions constituaient peut-être des bribes de la divination.

Puis sont venus les décors « figuratifs ». Certains font naître des cosmogonies de fantaisie peuplées de lunes, de soleils, d'étoiles, inspirées par la nature mais reflétant aussi l'imagerie mentale, elle-même façonnée par la culture endogène. D'autres trouvent dans la végétation une source inépuisable d'inspiration : couronnes et diadèmes de fleurs et de feuilles, fruits aux oreilles et aux doigts...

Passant outre à l'interdiction par les religions du Livre de reproduire le monde animal, la parure féminine offre aussi un véritable bestiaire, aux éléments fidèles à la réalité ou imaginaires. Même la reproduction de l'être humain échappe aux tabous, et les plus pieuses des croyantes musulmanes portent, en guise de fibule, d'agrafe et de boucle de ceinture, des mains de Fatima plus ou moins stylisées. Les visages, les bustes, les corps entiers servent de prétexte à la forme des bijoux mais constituent en fait des objets rituels. D'une façon plus générale, l'ornement, lorsqu'il se trouve lié aux religions ou aux croyances, possède des fonctions d'exorcisme ou de protection.

Il arrive aussi que le social prenne le pas sur l'esthétique. Les Turkmènes, les Kirghizes et les Azéries remplacent leurs incisives saines par des dents en or, transformant parfois les mâchoires supérieure et inférieure en barres précieuses. Le but tendrait à représenter l'état de prospérité de la femme, donc de la richesse de la famille. Et dans bien des cultures, y compris celles des pays dits développés, le bijou fait partie de l'héritage au même titre que la terre ou la maison. Il peut être échangé, vendu, démantelé, valorisé ou dissimulé.

Quelles sont donc les différentes fonctions de la parure féminine ? Celle de transformer pour embellir ne serait-elle que secondaire ? La question posée individuellement ne susciterait que des dénégations, et pourtant, collectivement, elle mérite réflexion tant les critères dans les différentes parties du monde ne se ressemblent pas et pourraient même parfois s'opposer. Elle appelle cependant au moins une réponse évidente : la femme parée cesse d'appartenir à la nature spontanée. Par le port de ces ornements qui, presque tous, contiennent le rêve d'éternité, elle opère sur elle-même une métamorphose et devient une créature socialisée.

Les pendentifs, exaltation de la féminité

Aux oreilles, de grands disques plats ciselés de signes symboliques à connotation religieuse. Sur l'arête du nez, une ligne qui en souligne la perfection. Dans la narine, un anneau. À San Blas, un archipel du Panama où ce qu'il reste d'Indiens Cuna survit et conserve vaille que vaille ses coutumes, les pendentifs qui ornent le visage sont à la fois talismans et expression de la féminité. Ils ne doivent rien aux modes et tout à la culture spécifique d'une ethnie au sens esthétique inné. De la même manière, dans toutes les civilisations traditionnelles, en Afrique comme sur le continent Indien, au Moyen-Orient ou en Amérique du Sud, ces bijoux, portés depuis des temps immémoriaux, transmis de mère en fille, partie ou totalité d'une dot, sont à la fois parure, amulettes, signes identitaires et langage. Leur signification a été perdue dans les sociétés occidentales, où les boucles d'oreilles ne sont plus que faire-valoir du visage ou signes extérieurs de richesse.

Tout commence avec la peau

La peau est, avec les cheveux, le plus naturel des éléments de parure. Les soins qui lui sont apportés, s'ils relèvent apparemment de l'hygiène, n'en sont pas moins liés au désir narcissique de se plaire et à l'envie de séduire autrui. Le sauna, comme ici en Sibérie, est le lieu des rencontres joyeuses, des pratiques codifiées, des nudités naturellement dévoilées par des femmes entre elles, à l'abri de tout regard critique. Il a son équivalent beaucoup plus sensuel avec le hammam d'Afrique du Nord ou du Moyen-Orient. Aux éléments spartiates du sauna nordique, chaleur, douche fraîche, épiderme étrillé et vivifié par le fouet des branches de bouleau, s'ajoutent alors la compétence de vigoureuses masseuses professionnelles et tout un arsenal de gestes et de produits. Ponçage avec pierres spécifiques, épilation au miel, application traditionnelle du henné, massage aux huiles parfumées embellissantes font du jour du hammam l'équivalent d'une séance dans le plus sophistiqué des instituts de beauté. Convivialité en plus.

Un patrimoine autour du cou

En arborant leurs colliers, les femmes souvent, du même coup, exhibent leur rang social et leur richesse. Cette pratique très ancienne et toujours actuelle, y compris en Occident, a plus de sens et de spontanéité dans les cultures traditionnelles. Ainsi en Inde, chez les Bondas de l'Orissa, les femmes portent de grands tours de cou réalisés par les forgerons locaux et transmis de mère en fille. Avec les années, ils se superposent proportionnellement à la richesse de celle qu'ils parent.

Un corps contraint par l'esthétique

Les longs cous sont, dans quelques ethnies, élément de séduction et suprême élégance. Mais, comme tout ce qui vise à intervenir sur le squelette, ils imposent souvent des modifications douloureuses ou même dangereuses. Tel est le cas pour les « femmes-girafes » du nord de la Thaïlande ou de la Birmanie auxquelles un carcan d'anneaux de cuivre superposés assure un cou démesuré. Leurs vertèbres finissant par flotter ne soutiennent plus la moelle épinière. En enlevant cet étau, elles signeraient leur arrêt de mort.

Quand les traditions deviennent mode (page précédente)

Une jeune Européenne, chevelure en partie rasée, interprète librement les tissages sophistiqués des nattes africaines et, pour orner son visage, multiplie piercings et inclusions. Les signes culturels et cultuels initiaux sont remplacés par des codes qui traduiraient essentiellement, selon leurs analystes, un besoin de se différencier des générations précédentes et de marquer son appartenance à une coterie. Quant aux tintinnabulantes parures d'argent ciselé portées pour les fêtes par les belles de l'Inde, elles font désormais fureur en Occident, pour leur seul charme.

Quand le prestige s'incruste dans les chairs

Inséré dans la narine, incrusté dans la lèvre, pesant aux oreilles de plus en plus allongées, le disque est, le plus souvent, l'affirmation d'un prestige précisé par sa taille. Plus il est grand, plus haut est le rang de celle qui le porte, et plus elle a vécu d'années. Chez les Apatani, pacifique ethnie d'agriculteurs du nord-est de l'Inde, le diamètre des disques insérés dans la narine des filles augmente avec le temps. C'est également le cas du plateau, appelé aussi labret, incrusté dans la lèvre inférieure des femmes surma, en Éthiopie, qui peut dépasser 15 cm de diamètre.

Colgate

Préparatifs avant l'entrée en scène (page précédente)

Pour être danseuse dans les spectacles des grands cabarets, comme ici dans sa loge une artiste de l'*Hotel Star Dust*, à Las Vegas, le corps compte autant que les gestes. Il faut des seins parfaits, des fesses fermes, des jambes excitantes, une ligne fluide, des articulations souples, un visage qui ne doit jamais trahir la fatigue et un maquillage à l'épreuve de la chaleur et des lumières. Les paillettes et les plumes ondulant sur les corps dénudés se méritent par une discipline de fer dont les spectateurs ont rarement conscience.

Mise en scène à but érotique

Le désir naissant de l'inaccessibilité, dévoiler une peau nue aux regards masculins équivaut à renoncer à un atout majeur de la séduction. Ainsi en a décidé un code érotique japonais qui date pour l'essentiel du XVIIIe siècle et préside toujours, avec plus ou moins d'entorses il est vrai, à l'apprêt extrêmement codifié d'une geisha. Rien n'est considéré comme plus excitant que l'élégance de la nuque. Mais que la jeune femme ait le corps gracieux, des pieds et des mains délicats, il ne s'agit là que des bases indispensables. Vient ensuite ce qui change tout : le duo subtil entre le masqué et le révélé, jouant des étoffes, des lignes et du maquillage pour substituer au naturel une recréation érotique. Application, sur tout fragment de peau nue, d'un fond de teint évoquant une porcelaine immaculée, pose, sur le visage, d'un véritable masque volontairement outrancier, où éclatent, sur la couche de blanc, le vermillon des lèvres et le trait noir des sourcils vont faire de la geisha, ainsi dénaturée, l'objet presque abstractisé des désirs masculins.

Les scarifications, un orgueilleux patrimoine

Conservant leurs coutumes et leurs rites, les Hammer vivent isolés dans la vallée de l'Omo, en Éthiopie. Leurs modifications corporelles sont autant d'expressions de leurs croyances, de leur communauté et du rôle que chacun y joue. Les scarifications pratiquées en incisant la peau et en provoquant un renflement à l'aide d'eau et de cendre font partie du patrimoine sacré du clan, et leur pratique est orgueilleusement transmise de génération en génération, de même que le port de colliers de cauris, symboles de fécondité.

Peintures faciales, un art premier

La femme d'un chef, chez les Papous montagnards de Nouvelle-Guinée, dérogerait à son rang et à la coutume si, dans les grandes circonstances qui ponctuent la vie, elle offrait un visage nu aux regards. Celui-ci devient donc le support d'un masque peint à même la peau. Cette œuvre éphémère s'apparente aux objets cultuels. Elle est sœur des masques ou des sculptures mélanésiennes dont on sait que leur art, qui fascina les surréalistes et inspira les grands peintres de la première moitié du XXe siècle, est l'un des plus puissants et des plus troublants qui soient.

Duo de beauté dans la jungle

Elles s'aident mutuellement à se faire belles.
Une singulière et joyeuse complicité est née en Inde, dans les forêts qui s'étendent au pied de l'Himalaya, entre Debra Kellner, photographe canadienne, et le groupe des Rana Tharu. Avec spontanéité, les femmes y sont séduisantes quel que soit le jour ou les tâches qu'elles ont à accomplir. Tout contribue à leur charme : la démarche, les gestes, le maquillage léger. Aux innombrables bijoux qu'elles portent aux oreilles, au cou, aux poignets, aux chevilles, soigneusement choisis et transmis de mère en fille, s'ajoutent les fleurs piquées dans leur chevelure lustrée. Comme presque tous les objets qui les entourent, toujours réalisés sous le signe de la courbe et de l'harmonie, leurs vêtements multicolores naissent de leurs mains. À partir de petits morceaux d'étoffe, achetés ici ou là, métamorphosés par des broderies, des applications en patchwork, elles font des boléros qui mettent les seins en valeur, allongent le buste, et de virevoltantes jupes. Les jungles cachent parfois des sanctuaires de grâce infinie, mais de plus en plus menacés.

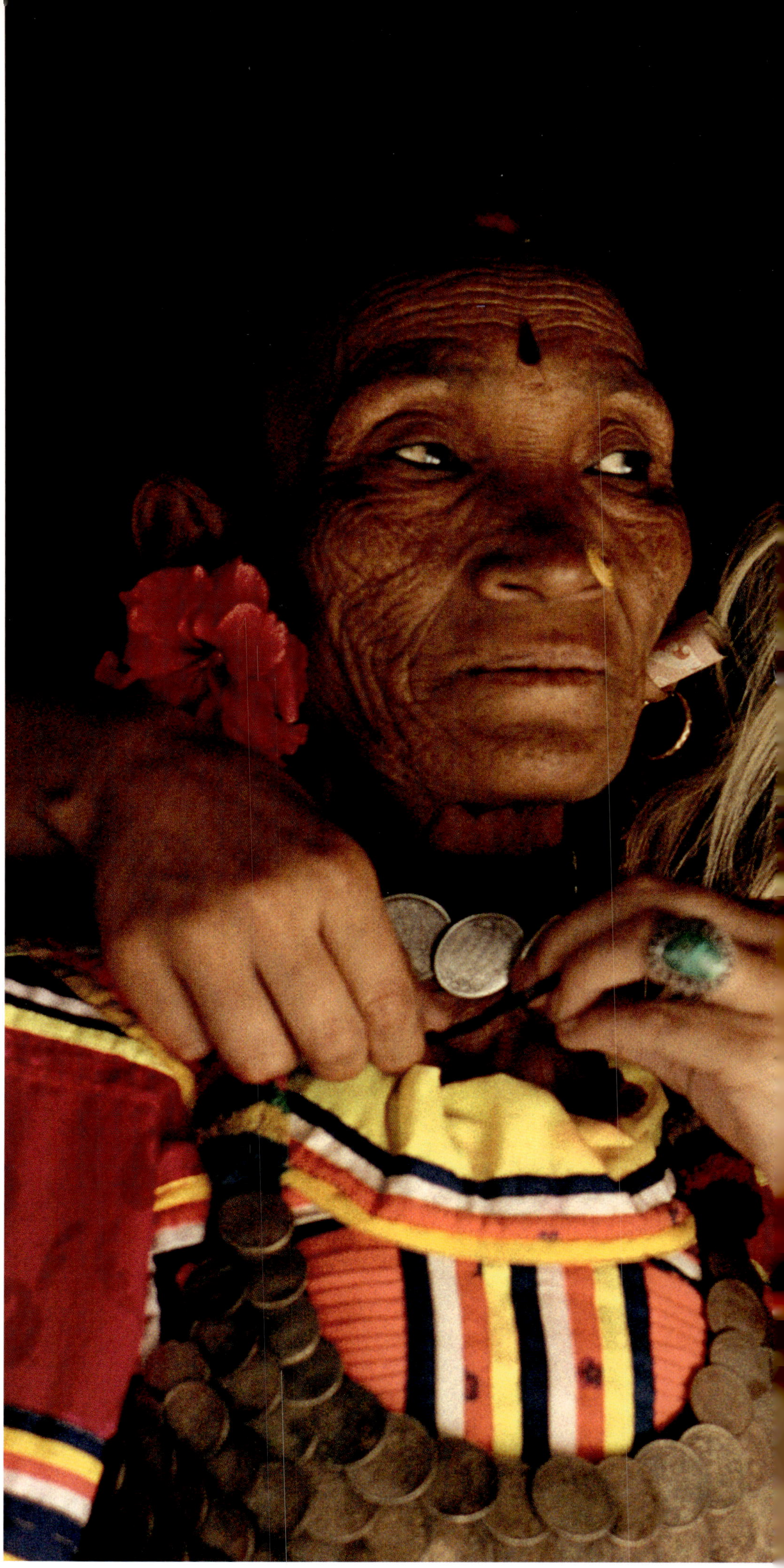

les femmes et la parure

LADIES

Par une coiffure insolite, s'affirmer différente

À Londres, où tout est permis, les modes les plus excentriques ont vu le jour avant de gagner le reste de l'Europe. Chacune peut y inventer à sa guise la tenue qui lui convient, adopter la coiffure qui lui plaît, en portant, par exemple comme ici, une extravagante alliance de vrais et faux cheveux mêlés qui la démarque du commun. Influences ethniques, invention personnelle, mode de génération ou de clans ? Nul ne pourrait encore prédire s'il s'agit de phénomènes éphémères ou si tout cela mêlé fait correspondre aux changements de société les changements d'apparence.

Par le jeu des tresses, indiquer qui l'on est

Jusqu'à 8 ans, les petites filles himba, une ethnie de Namibie, portent deux grosses tresses auxquelles succède, à la puberté, une cascade de petites nattes. Lorsqu'elles sont en âge de se marier, celles-ci sont rabattues derrière la tête. Quand elles ont pris époux, une coiffe en peau de chèvre se juche au sommet du crâne. La transformation des cheveux, enduits comme le visage et le corps d'un onguent à la fois cosmétique et magique composé de graisse animale, d'hématite et d'herbes aromatiques, suit chaque étape de la vie.

Tatouages et dessins, une recherche devenue esthétique (pages suivantes)

Autrefois apanage des hommes, le tatouage, venu du Pacifique, a gagné l'Occident. Au départ, il avait un sens rituel, renvoyant à une cosmogonie, mettant son porteur sous le signe des divinités. Puis, au Japon par exemple, en Occident ensuite, il est devenu uniquement décoratif. Le dessin au henné, tout en finesse, exige comme le tatouage des mains expertes. Les Européennes, séduites par son élégance, le portent comme un bijou d'un moment. En revanche, pour les femmes arabes, le henné fait partie des mœurs. Nulle fête, nulle cérémonie ne saurait être célébrée sans qu'il pare le front, les paumes, les pieds, et la frontière reste floue entre le religieux et l'esthétique.

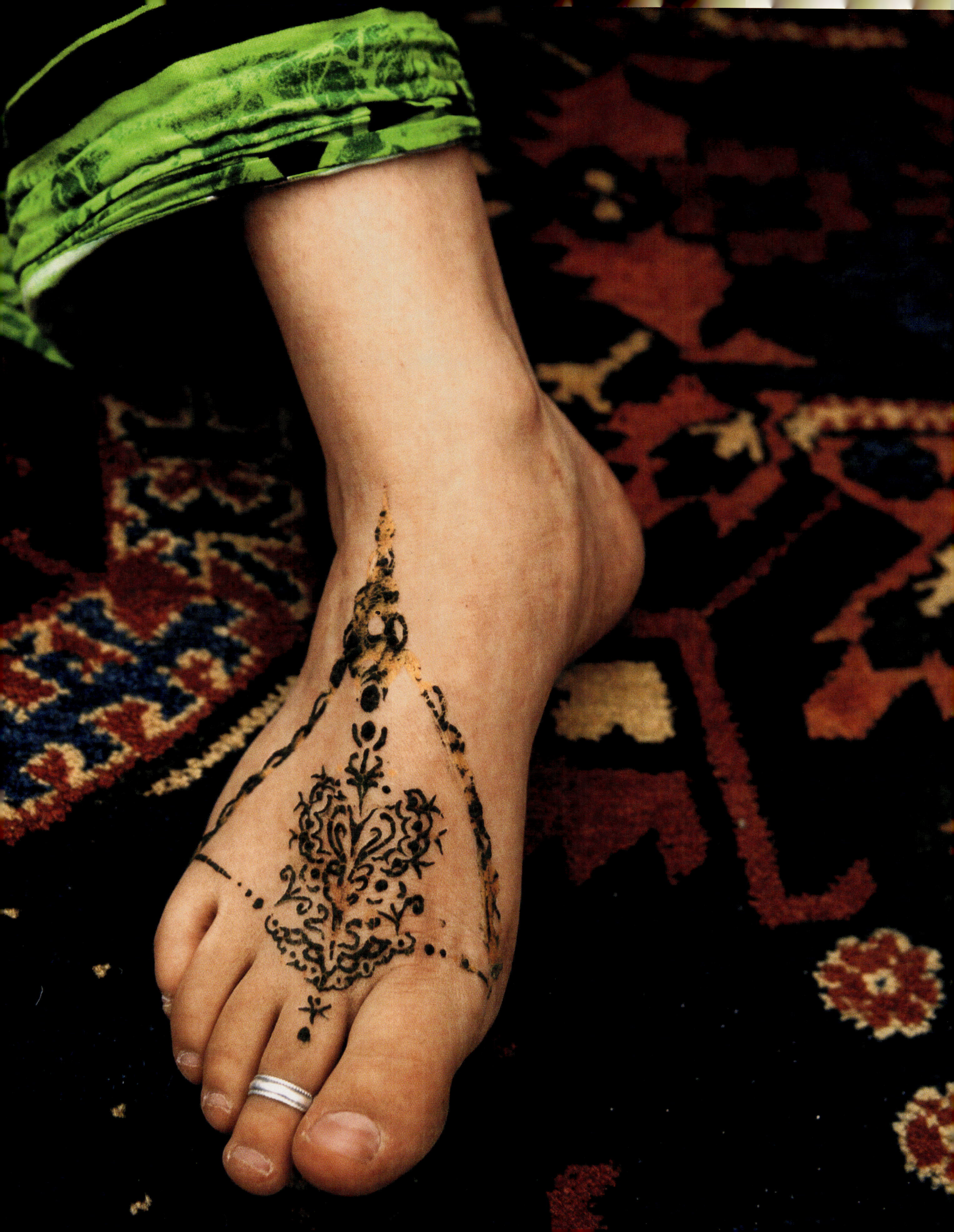

Une mode puisée au vivier africain

Les jeunes femmes africaines s'étaient déjà taillé une place de choix dans la phalange des mannequins en portant avec un brio désinvolte les créations les plus sophistiquées des créateurs européens. L'Afrique vient de franchir un nouveau pas avec ses stylistes, véritables « passeurs » de cultures entre les répertoires africains et une mode contemporaine. Leurs modèles défilent au Festival de mode africaine du Niger (ici, une création de l'Ivoirien Mikael Kra), mais plusieurs ont déjà pignon sur rue à Paris et ailleurs.

Une parure qui vaut un discours

« Un corps nu est un corps sans paroles » dit un proverbe dogon. Pour exprimer cette parole, toute l'Afrique traditionnelle dispose d'un vocabulaire d'une exceptionnelle richesse. Il varie à l'infini avec les ethnies mais il n'y est rien – tissages, étoffes peintes ou teintes, ornements, coiffures – qui ne renvoie à une cosmogonie, un mythe, une fonction. Ici, au Sénégal, des jeunes femmes bassari célèbrent leur changement de classe d'âge. Chaque détail de leur tenue, des seins au ventre, des bijoux au bandeau de tête, s'il renvoie à leur ethnie souligne surtout leur royale beauté.

007

Pour des reines, des perles de grande culture

Les tissages de perles des Pedi, une ethnie du Kenya très proche de celle des célèbres Ndebele, sont des œuvres éblouissantes de virtuosité et d'invention. Tout matériau leur est bon : os, coquilles d'œuf d'autruche, pâte de verre importée. L'important, c'est l'art de leur agencement et la valeur symbolique qui leur reste attachée. Ces parures splendides sont portées dans les grandes circonstances, notamment par les femmes les plus importantes du groupe, les « reines » pedi.

Pour des nomades, orfèvrerie de grand apparat

Si certains bijoux sont portés au quotidien, d'autres, précieux, ne voient le jour que dans des circonstances particulières. Pour les fêtes de l'été, les femmes khampa, un peuple nomade d'éleveurs de yacks sur les hauts plateaux du Tibet oriental, sortent des coffres leurs lourdes parures d'argent, d'or, de perles de corail, de mosaïques incluant parfois des fragments de turquoise. Si tous ces bijoux volumineux évoquent la fécondité, tous aussi se réfèrent au clan auquel appartient celle qui les porte.

Des paysannes aux atours de princesse

Vivre dans des conditions d'extrême rigueur n'empêche pas d'avoir le goût de la fête et des parures. Les Ladhakis, dans l'Himalaya, en font la démonstration. Malgré la rigueur de leur climat, la difficulté qu'ils ont à arracher à la terre leur maigre nourriture, tout est pour ce peuple pacifique et joyeux l'occasion de réjouissances. Les femmes portent alors le *perak*, une somptueuse et immense coiffe constellée de turquoises, pierres entre toutes bénéfiques, dont les ailes démesurées retombent sur les épaules, comme si un oiseau de bonheur s'était posé sur leur tête.

Des stylistes douées pour la création

Les Indiennes Cuna, de l'archipel de San Blas, au Panama, n'ont nul besoin de stylistes pour se draper dans les plus superbes des étoffes. Elles les créent elles-mêmes, reproduisant sur leurs vêtements les dessins de végétaux et d'éléments de la nature dont elles attribuent la création à Mu, déesse-mère de toutes choses. Ce sont aussi d'incomparables brodeuses.

Dans certaines pièces de leurs vêtements, les motifs ajourés sont réalisés par plusieurs découpes superposées de taille décroissante laissant apparaître à chaque fois le fond précédent.

Des cheveux qui jouent la voilette

Devant le voile qui dérobe le visage des musulmanes très orthodoxes, on s'indigne facilement. Mais nulle féministe de la première moitié du XXe siècle ne s'insurgea contre le port de la voilette, accessoire de séduction, signe d'élégance et opportun cache-misère des visages fatigués. Dans le prolongement des voilettes d'antan, quelques jeunes femmes d'aujourd'hui jouent joliment de leurs cheveux, réels ou ajoutés, qui ruissellent sur les oreilles, dansent sur le front. Le ludique a pris la place du convenu.

Le voile porté en toute ambiguïté

Tous les voiles n'ont pas la même signification. Il y a ceux, intégristes, qui dérobent entièrement le visage féminin. Et ceux dont les femmes, se fondant plus sur la parole de l'épouse de Mahomet – « mon visage est beau, pourquoi le dissimuler » – que sur les interprétations des docteurs de la loi, ont fait un élément majeur de séduction, chanté par les poètes arabes ou persans. Les mousselines, les bijoux et les sequins qui y sont fixés, voilant et dévoilant (ci-dessus, sur une jeune femme jordanienne), en font parfois des parures ambiguës qui doivent plus à la sensualité qu'à la piété.

L'adolescence en quête d'apparence

Les adolescentes des pays « modernes », dépourvues de modèles imposés par la coutume, avancent à tâtons dans la jungle des apparences. Elles attrapent au vol les courants qui passent – « look » des copines, des stars du rock ou des apprenties vedettes des émissions de télé – et butinent de l'un à l'autre. Dans la cabine d'essayage d'un grand magasin californien, Sheena, 15 ans, n'est que perplexité. Elle sait ce qu'elle ne veut pas : passer inaperçue. « Pour exister, il faut retenir l'attention », affirme-t-elle. Elle sait ce qu'elle aime le plus : les brassières ou les T-shirts écourtés, parce que montrer le maximum de peau, « c'est sexuel et ça excite les garçons ». Le problème des adolescentes occidentales, européennes, nord-américaines ou sud-américaines des métropoles est peut-être que, très tôt, on en fait, mode et société de consommation aidant, des femmes en modèle réduit, tentées par tous les artifices. À 11 ans, elles veulent, en guise de cadeau d'anniversaire, de faux ongles. Ou bien de faux cils. À 15 ou 16 ans, les Brésiliennes qui en ont les moyens se font refaire des seins plus gros ou – moins souvent – plus petits. Puis viendront les fesses, le nez, etc. Où en sont-elles ? Elles ne savent plus très bien. Et leurs mères non plus.

Fluidité des étoffes sur la fluidité des corps

Souples, irisées, brodées, lamées, arachnéennes dentelles, mousseuses mousselines, bruissant organdi, les étoffes, depuis la plus lointaine Antiquité, habillent le corps des ballerines. Ci-dessus, une troupe de Cambodgiennes contemple un spectacle de la télévision nationale avant d'entrer à son tour en scène. Avant le cataclysme amené par les Khmers rouges, la tradition voulait que les vêtements des danseuses du ballet royal, qui renaît lentement de ses cendres, soient directement cousus sur leur corps avant la représentation, de telle sorte qu'ils soient en adéquation parfaite avec leurs gestes. En Égypte, c'est la mouvante jupe à taille basse et haute fente qui souligne sensuellement l'ondulation savante des hanches, le jeu des bras et des jambes. Cette danse orientale, déjà représentée sur les fresques de l'Égypte pharaonique, fait partie des traditions du pays. Elle a compté nombre de stars, adulées du public. Mais l'ombre des intégristes plane, et les hanches n'ondulent plus que dans quelques cabarets.

Mise en beauté dans la gaieté décontractée

Dans les rues de Camagüey, à Cuba, une ronde jeune femme exhibe sans fausses manières, à la mode des touristes américaines, les rouleaux de sa mise en plis. Les voisines approuvent, le regard compétent de la collectivité importe. Elle aura une jolie coiffure, puis enfilera sa belle robe, peut-être pour aller à la fête ou peut-être parce que c'est comme ça. De la Martinique à la Guadeloupe, de Cuba au Mexique et au Brésil, dans les sociétés urbaines, si l'on porte des vêtements en quelque sorte mondialisés, c'est à sa manière que chacune les porte, avec des choix spécifiques de couleurs, d'imprimés, d'accessoires, ce qui constitue finalement une manière de se les réapproprier. Il n'est que de voir les petites filles en robe blanche du dimanche, froufroutante à souhait, rubans dans les cheveux, exécutant un pas de danse à la moindre note de musique, pour comprendre qu'ici, dès l'enfance, quand la misère n'est pas trop grande, on a deux goûts indissociables : celui de se faire belle et celui d'aller danser. Une façon de résister aux difficultés du quotidien ?

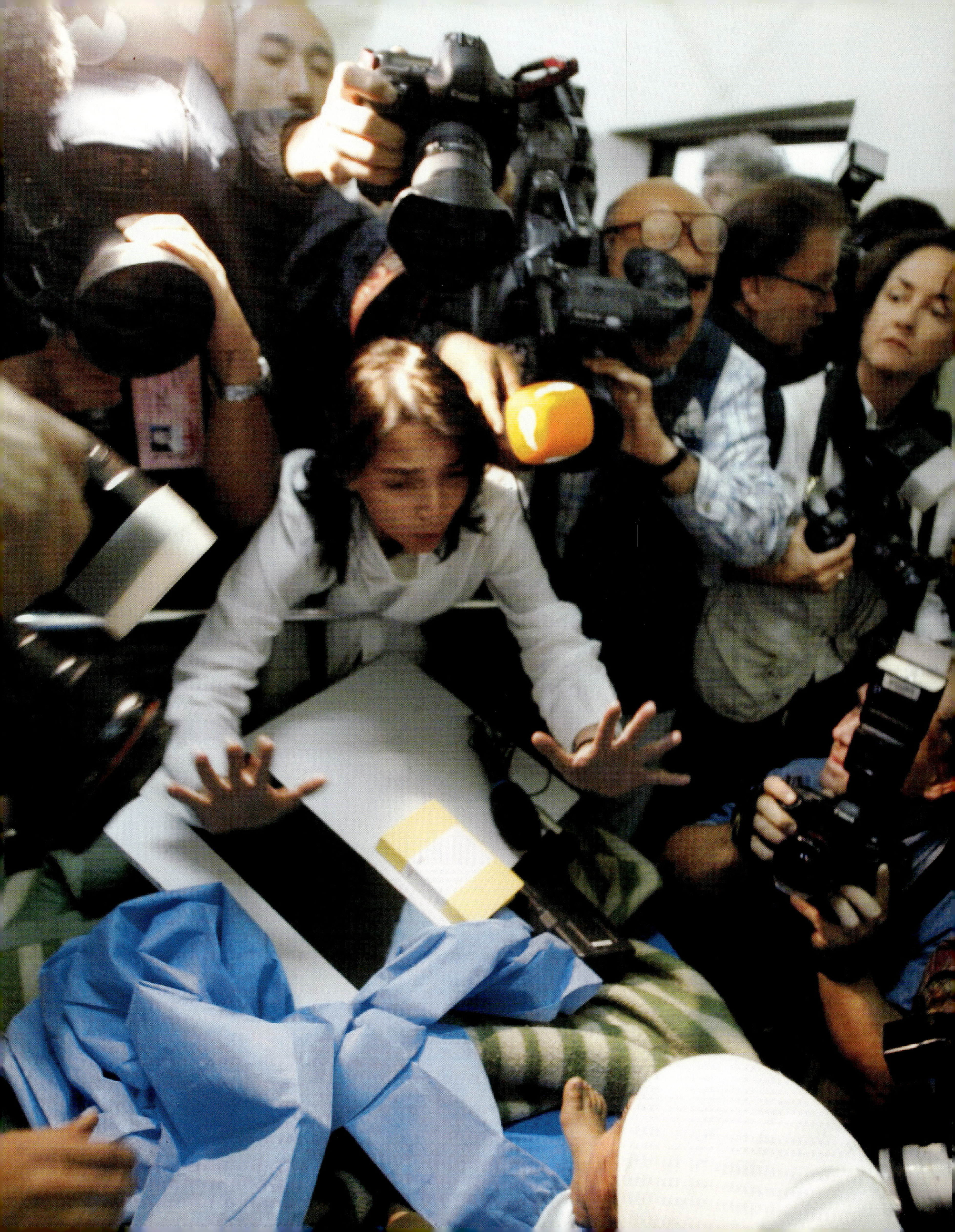

les Femmes dans l'action

Colette Gouvion

*À la fin des années 1950, Colette Gouvion, toute jeune journaliste et déjà mère de famille, entrait à l'*Express*, à l'époque le magazine de tous les engagements, avec à sa tête une femme indiscutable : Françoise Giroud. Elle s'y spécialisa avec une rubrique « société ». Pour les femmes, tout était à déblayer : contraception, formation professionnelle, parité dans les salaires, engagements politiques ou sociaux, changement des mentalités masculines. Ce fut au centre de ses activités. Le regard circulaire qu'elle jette aujourd'hui sur les battantes qui, de par le monde, jouent un rôle dans l'évolution des sociétés incite à un optimisme relatif. Mais il ne s'agit encore que de pionnières.*

TÉMOIGNER SANS PERDRE PIED : LES ENVOYÉES SPÉCIALES

Pendant la guerre en Irak, elles ont fait leur travail de journalistes (ici, Maryse Burgot). Chaque soir, elles étaient à l'antenne, sur fond de détonations et de ruines, aussi calmes et soignées que si elles intervenaient dans un douillet studio parisien. Précises, l'émotion imperceptible. Le plus dur vient après. Comme le dit l'une d'elles : « Quand la tension retombe, on a l'impression d'avoir vieilli de dix ans. » Et pourtant, s'il le faut, elles repartiront.

En mai 2003, les plus hauts représentants de l'Union européenne jetaient à Thessalonique les bases d'une constitution. La Grèce, puissance invitante, offrit à ces travailleurs de force le répit d'une visite au mont Athos. Quatre créatures impures furent exclues de l'excursion : sur cette sainte montagne, plus grand foyer de la religion orthodoxe, les femmes sont interdites de séjour. Sulfureuses indésirables, Benita Ferrero-Waldner, Ana de Palacio, Lydie Polfer et Anna Lindh, respectivement ministres des Affaires étrangères d'Autriche, d'Espagne, du Luxembourg et de Suède n'en firent cependant pas une affaire diplomatique.

L'anecdote fait hausser les épaules, mais on peut aussi y voir un signe encourageant : quatre femmes titulaires de ministère de première importance sur les quinze pays qui constituent, pour le moment du moins, l'Union européenne, ce n'est tout de même pas si mal, et ne pourrait-on y voir un clignotant vert témoin de la partie de dames qui est désormais engagée sur l'échiquier planétaire ? De plus en plus, les femmes agissent. Et ce n'est pas seulement le fait des plus nanties des pays nantis. Des bâillonnées de l'islam fondamentaliste, des prisonnières des traditions obsolètes, des exclues de l'éducation et du progrès relèvent aussi la tête. Ce ne sont encore que des éclaireuses, mais si l'on jette un regard sur l'état actuel du monde, on constate qu'elles sont partout et dans tous les domaines.

Au sommet de la pyramide, la petite phalange des chefs d'État, de gouvernement, de ministres. Avec des surprises. 1960 vit, pour la première fois au monde, une femme Premier ministre. Elle s'appelait Sirimavo Bandaranaike et était plutôt trotskiste. Cela se passait à Ceylan. Autre année mémorable, 1975, avec Elisabeth Domitien, première femme noire Premier ministre d'un État indépendant, la République centrafricaine. En 1999, la Suède prenait, au palmarès de la parité, une première place que depuis elle n'a plus jamais quittée puisque son gouvernement est aujourd'hui féminin à 55 %. Avec 30 %, la France ne vient qu'au dix-huitième rang, un peu après les États-Unis (32 %) et juste avant le Japon (29 %). Paradoxalement, aujourd'hui, des États à majorité musulmane ont été ou sont dirigés par des femmes : le Bangladesh, avec Khaleda Zia et Sheikh Hasina, les Philippines avec Cory Aquino puis Gloria Arroyo, ou le Pakistan avec Benazir Bhutto. Des anges ? Pas forcément. Mais une sacrée détermination. Presque toutes, certes, ont été amenées au pouvoir dans la foulée d'un père ou d'un époux jouant un rôle politique important mais dont souvent la carrière difficile, voire la mort dans des circonstances dramatiques, aurait dissuadé d'autres qu'elles de reprendre le flambeau. Tous ces chiffres mettent en lumière une évidence : désormais, presque partout au monde, des femmes participent aux gouvernements, de même que leur implication s'est accrue dans les parlements, les institutions locales, la conquête des mairies. Ils soulignent par ailleurs une sorte de logique. Les pays où les femmes sont le plus entrées en politique sont ceux, comme les pays scandinaves, où des structures sociales plus égalitaires entre hommes et femmes, plus la mise en place explicite de la parité, leur ont déblayé la voie et, à l'opposé, ceux où elles avaient tout à conquérir. Il aura, certes, fallu du temps pour que l'on cesse de les cantonner à des secteurs comme les affaires sociales, la famille, la condition féminine, où pouvaient le mieux s'exprimer, disait-on, ces qualités qu'il est convenu d'attribuer au sexe féminin : l'empathie, l'écoute, etc., et que leur soient confiés des postes de portée beaucoup plus vaste comme la justice ou le travail. Une certaine patience fut aussi nécessaire pour que les bons esprits cessent d'affirmer qu'il fallait « laisser aux hommes les choses sérieuses ». Mais la cause semble aujourd'hui relativement entendue et nombre de partis politiques ne rechignent plus à avoir des femmes à leur tête. Par ailleurs, il ne reste plus que deux pays au monde dont la population féminine est exclue du droit de vote : l'Arabie Saoudite, où personne ne l'a, et le Koweït où, malgré de très fortes pressions, des suffragettes se battent pour l'obtenir.

Il faut évoquer aussi celles qui, dans l'opposition obstinée à un régime, mènent une lutte inlassable et dangereuse, sans pour autant quêter le pouvoir. Ainsi Ingrid Betancourt en Colombie, Aung Sang Suu Kyi, prix Nobel de la paix en Birmanie, Rigoberta Menchù la Guatémaltèque, autre prix Nobel de la paix pour sa lutte incessante en faveur des Indiens et des droits de l'homme. Plus toutes celles qui ont pris les armes dans les dissidences, les rébellions, et celles qui manifestent inlassablement pour la liberté, telles les étudiantes iraniennes.

Militer pour de grandes causes est une chose. Se battre pour soi en est une autre, peut-être pas si éloignée. Chaque femme qui réalise ses ambitions personnelles œuvre d'une certaine manière pour les autres, puisqu'elle leur montre la route de la réalisation. Et voici la phalange des battantes, qui conquièrent un à un les bastions masculins. On en recense à peine une petite poignée à la tête de grandes entreprises, des conseils d'administration, mais occupant bien le terrain, et leur nombre devrait en moyenne augmenter puisque le parlement danois a récemment voté une loi imposant un quota de 40 % de femmes dans les conseils d'administration. Elles jouent un rôle non négligeable dans l'univers de la finance. En Iran, par exemple, ce sont des femmes, le foulard noir bien serré autour du visage, qui tiennent en main tout le système bancaire. La Bourse leur a ouvert ses portes. De haute lutte, en s'imposant souvent par leur réussite dans les concours, des pionnières ont franchi les portes des grandes écoles, des professions de haute technicité : plus seulement médecins généralistes, gynécologues ou pédiatres, mais chirurgiennes de haut niveau. Plus seulement architectes d'intérieur, décoratrices ou stylistes, mais architectes de renom. À quoi il faut ajouter les physiciennes, les chimistes, les chercheuses dans toutes les branches des sciences, les géologues, quelques cosmonautes, et bien d'autres encore, comme les journalistes politiques ou les correspondantes de guerre.

Les domaines des arts se sont également ouverts. Dans le milieu de la musique, où l'on acceptait volontiers les instrumentistes, les chanteuses, mais pas les « chefs », plus de 40 femmes dans le monde tiennent aujourd'hui la baguette. Au cinéma, les réalisatrices se multiplient, ainsi que les directrices de l'image, les cadreuses, les éclairagistes. Au théâtre, la mise en scène n'est plus l'apanage des hommes. Il n'est jusqu'à l'art culinaire qui n'ait, en France, ses étoiles, puisque deux grandes cuisinières en ont décroché deux au Michelin.

À ce tableau plutôt encourageant, il faudrait encore ajouter toutes celles qui, refusant le sexisme des professions, ont préféré être menuisières plutôt qu'infirmières, conductrices de poids lourds plutôt que vendeuses, ou faire carrière sous l'uniforme militaire. Que ce soit, pour ces dernières, parce qu'elles en ont le désir, ce qui ne concerne qu'elles, ou que, sans formation professionnelle, demandeuses d'emploi, appartenant à une minorité défavorisée comme cela est le cas dans l'armée des États-Unis pour des Afro- ou Latino-Américaines, elles n'aient trouvé que cette opportunité, le fait est d'importance. Dans ce haut lieu des vertus viriles traditionnellement réservé aux hommes, qui souvent s'y accrochent farouchement, elles représentent 15 % des effectifs américains, 14 % des armées d'Australie et d'Afrique du Sud, et où l'on en trouve dans toutes les armes, y compris le corps des sapeurs-pompiers et la gendarmerie, ainsi qu'à tous les grades, de général à 2e classe. Vont-elles freiner les dispositions guerrières de leurs collègues masculins ? Des stratèges le redoutent. Des humanistes pourraient s'en réjouir.

On peut encore évoquer le domaine des exploits, avec Ellen MacArthur en figure de proue, les conquérantes de l'Everest, les exploratrices des pôles, les navigatrices extravagantes qui entreprennent, seules et à la rame, la traversée des océans. Elles font les belles pages des médias. Mais elles sont moins importantes peut-être dans la partie qui se joue que les anonymes disséminées dans le monde, toutes celles sans diplômes, sans instruction, sans moyens, qui se battent pour leur vie et leur dignité. Les « ni putes ni soumises » de France, les Africaines aux commandes des économies alternatives, les fourmis qui, aussi bien en Occident que dans les pays en voie de développement, s'organisent en réseaux, en coopératives, en syndicats, et mettent leurs minuscules grains de sable dans les machines à exploiter la main-d'œuvre.

Le troisième millénaire sera-t-il celui des femmes ? Des sociologues estiment qu'elles sont encore trop peu nombreuses dans les rouages importants des sociétés pour avoir une réelle influence mais que plus leur nombre grandira, plus elles pourraient introduire des perceptions différentes de la politique, des modifications dans la machine sociale et le monde du travail. On n'en est pas là. Le temps n'est pas advenu où, comme le disait sarcastiquement Françoise Giroud, femme d'action s'il en fut, « il y aura vraiment parité parce que l'on verra des femmes incompétentes occuper des postes de responsabilité ». La route demeure encombrée d'obstacles : manque d'instruction et de formation pour les unes, manque de temps pour d'autres qui doivent toujours vivre la situation schizophrénique du partage entre leurs responsabilités familiales et leur carrière ou leur militantisme. Mais elle est ouverte.

Enquêter pour informer : les journalistes

Journalistes de plume, reporters photographes, elles vont aussi sur les points difficiles du globe (ici, en Afrique avec des enfants), et ce n'est pas vraiment nouveau : pendant la guerre d'Espagne, elles furent déjà une bonne poignée, toutes d'ailleurs engagées du côté des républicains, à raconter et à montrer. La différence avec les envoyées spéciales des télévisions est qu'elles ne sont pas à chaud sur les événements, qu'elles peuvent prendre un peu plus de temps pour enquêter, réfléchir avant d'écrire ou mettre leurs photos en circulation, choisir leurs angles. Leurs enquêtes paraissent aussi bien dans les grands hebdos féminins que dans les magazines généralistes. Cela dit, la presse est l'un des domaines où la parité a progressé. Fini le temps où les femmes étaient cantonnées à la mode, la beauté et autres spécificités dites « féminines ». Elles sont journalistes politiques, économiques, scientifiques, et nul ne songe plus à mettre leurs compétences en doute. Il a tout de même fallu du temps.

Dire non à la guerre : les pacifistes américaines

Devant, une jeune femme seule, qui s'est bâillonnée avec le drapeau américain. Derrière, les forces de l'ordre, prêtes à l'intervention musclée. Un *sit-in* à Washington pour dire non à la guerre en septembre 2001. C'était la première fois qu'une manifestation de ce type se tenait au pied de la Maison-Blanche mais pas la première aux États-Unis. Chaque fois que leur nation s'engage ou s'enlise dans un conflit, que ce soit au Viêtnam, dans le golfe Arabo-Persique ou en Irak, il y a ainsi des femmes qui manifestent leur refus. Ce mode d'action démarra à l'Université de Berkeley, près de San Francisco, à l'époque le plus bouillonnant des campus américains au moment de la guerre du Viêtnam. D'autres ont suivi, sur le sol des États-Unis et ailleurs dans le monde, chaque fois qu'éclate une guerre à laquelle on ne trouve pas de justification et dont on sait que, de toute façon, elle n'engendrera que drames. Autre manière de lutter, arme douce des femmes et des jeunes contre les va-t-en-guerre. Elle semble de peu de poids sur les stratégies des pouvoirs, mais, au moins, elle sensibilise les opinions publiques. Et, à moyen terme, les pouvoirs sont parfois contraints d'en tenir compte... ne serait-ce qu'en périodes de crise politique ou d'élections.

MP
MPDC

Manifester pour se faire reconnaître : les homosexuelles

En 2003, dans les rues de Paris, la grande parade des homosexuels, hommes et femmes. Défiler joyeusement dans les grandes capitales, comme gays et lesbiennes le font désormais chaque année dans près d'une quarantaine de pays, y compris dans la très catholique Pologne, c'est mêler la fête et l'action, revendiquer la fin de toute ségrégation, faire bouger les institutions. Les lesbiennes ne sont pas moins déterminées que les gays à faire avancer leur cause et y réussissent plutôt bien, hors des pays où elles sont soumises au plus rigoureux des tabous religieux. Reste qu'elles dérangent dans la mesure où elles échappent à la fonction qui a toujours été dévolue aux femmes, procréer, et cela d'autant plus qu'une nouvelle revendication se fait jour : le droit à la parentalité, dont nombre d'entre elles font leur nouveau combat. C'est là un problème de société, qui suscitera encore bien des controverses avant d'avoir une réponse légale.

RISQUER SA VIE POUR DÉFENDRE SES CONVICTIONS : INGRID BETANCOURT

Décontractée et déterminée, elle se rend à un meeting pour faire connaître les positions du parti qu'elle a fondé, Oxigeno Verde. Un parti qui, dès sa création, s'est surtout soucié de réintroduire de l'oxygène dans l'air politique vicié de la Colombie. La sénatrice Betancourt aurait pu mener une vie tranquille et confortable si elle n'avait tout sacrifié à ses convictions politiques. Elle s'est au contraire lancée dans la bataille contre la corruption des élites politiques et économiques, la misère, la délinquance endémique, les factions aux luttes sanglantes. Seule contre tous, ou presque, forte seulement du soutien populaire, boycottée par les médias liés aux grands groupes économiques, victime de plusieurs tentatives d'assassinat, elle n'a jamais désarmé. Jusqu'au jour où elle est devenue, pour d'interminables mois, l'otage des Forces armées révolutionnaires de Colombie. Pourtant, la vraie révolutionnaire, c'est elle.

Porter l'honneur d'un peuple : Aung Sang Suu Ki

Prix Nobel de la paix en 1991. Son père fut un héros de la guerre d'indépendance de la Birmanie. Elle a repris le flambeau et à la tête de son parti, la Ligue nationale pour la démocratie, qui gagna en vain les élections en 1990, elle lutte sans jamais baisser les bras contre le triumvirat de généraux corrompus qui pille son pays, y fait régner la terreur, le chaos et la misère. Des dizaines de ses partisans ont été assassinés. Sa propre vie n'a cessé d'être en péril. On l'assigne à résidence, on l'emprisonne, on la brime, on l'isole, sa vie de famille est devenue inexistante, sa santé précaire. Pourtant elle refuse tous les compromis, écarte toute idée d'exil. Son dernier emprisonnement a soulevé une telle indignation internationale que même l'Association des nations de l'Asie du Sud-Est, généralement peu soucieuse d'intervenir dans les affaires d'un pays membre, a exigé sa libération. Sans effet immédiat. Elle est « la Dame de Rangoon », la frêle *passionaria* qui porte tout l'espoir et tout l'honneur d'un peuple. Un symbole.

les femmes dans l'action

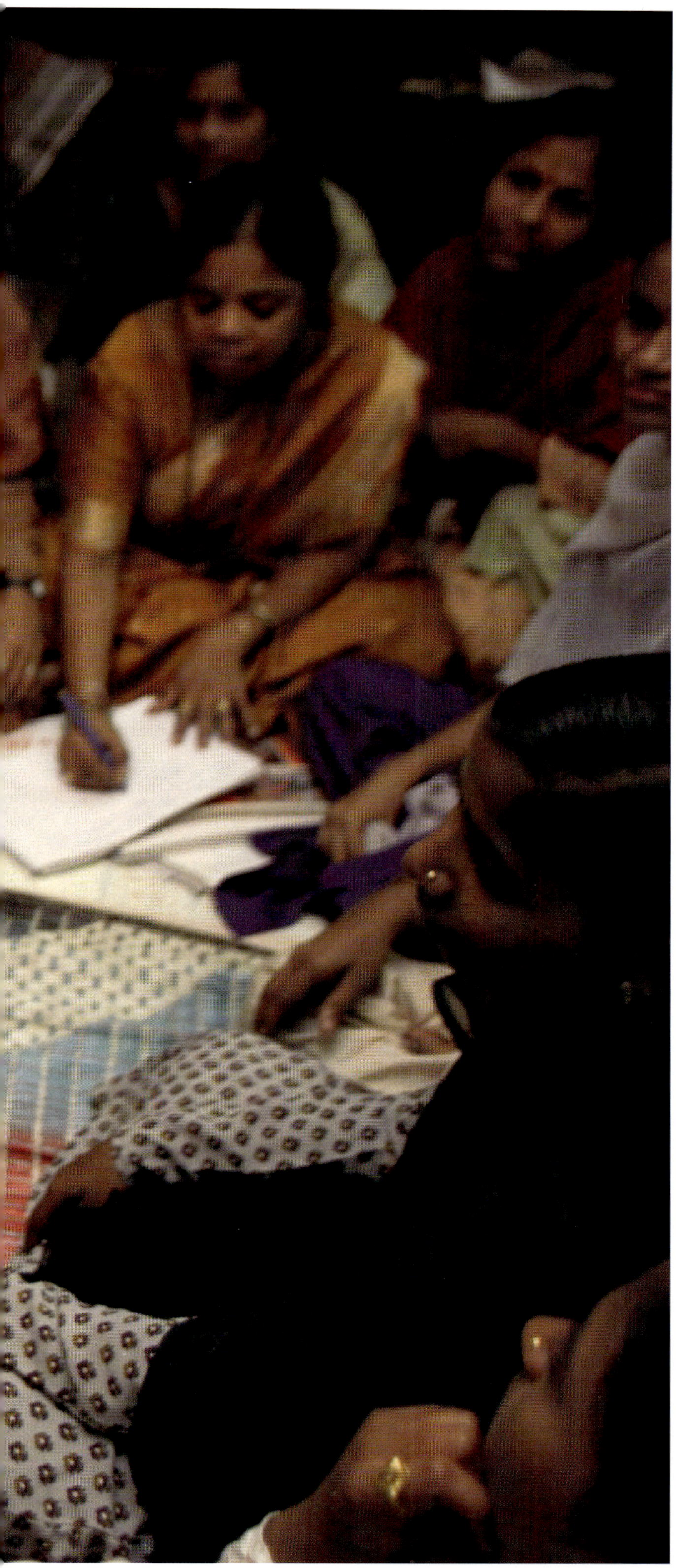

Inlassablement, payer de sa personne : Susan Sarandon

Elle est belle, elle est intelligente, c'est l'une des plus grandes actrices de notre époque. Un oscar, son nom sur le boulevard des Étoiles à Hollywood, l'immense succès du film *Thelma et Louise* où elle était inoubliable, ses activités de productrice, sa vie conjugale ni ses trois enfants ne lui suffisent. Le cœur la mène. Femme et citoyenne du monde plus encore peut-être que star, elle est présente sur tous les fronts où son action peut être utile à la défense d'une cause qui lui semble juste. Étudiante, elle a manifesté avec les autres contre la guerre au Viêtnam. En 1999, elle fut embarquée par les policiers, à New York, pour avoir haut et fort protesté, avec quelques autres défenseurs des droits de l'homme, contre le meurtre d'un Afro-Américain, comme on dit maintenant aux États-Unis, par quatre policiers blancs. Au moment où se déclenchaient les grandes manœuvres en Irak, elle élevait la voix pour clamer ce qu'elle pensait de l'attitude de son président. Ambassadrice de l'Unicef depuis 1999, elle se rend périodiquement dans les pays en voie de développement et paie de sa personne à Tahiti, en Tanzanie, ici à Bombay, ou ailleurs, là où des enfants crèvent de malnutrition, de manque de soins et de peur. « Il faut alerter le monde », explique-t-elle. D'autres célébrités assument les mêmes ambassades de la générosité, Mia Farrow ou encore, en France, la sensible Elsa Zylberstein. Mais aucune ne répond comme elle, avec un rire, lorsqu'on l'interroge sur ses motivations ou ses sympathies politiques : « Je suis juste une vieille hippie. »

SALLE DE CLASSE

Aider les détenues : des femmes de cœur

Intelligente initiative à la prison pour femmes de Versailles, dans les Yvelines. Des esthéticiennes bénévoles viennent donner des cours, et cela n'a rien d'anodin. La plupart des délinquantes de droit commun, entre la vie qui souvent les a malmenées et le châtiment de l'emprisonnement, sont dépouillées de leur dignité de femme. Leur rappeler qu'elles sont comme les autres, leur apprendre à se soigner, à se faire belles, c'est les aider à se tenir droites, et, qui sait, à se réinsérer plus facilement dans la société quand elles recouvreront la liberté.

Exercer le pouvoir : une femme de tête, Sheikh Hasina

Contre son éternelle rivale, Khaleda Zia, actuelle Premier ministre du Pakistan, Sheikh Hasina, qui le fut avant elle, prononce un discours musclé. Paradoxalement, certains pays à forte majorité musulmane dont la population féminine continue de subir inégalités, brimades, mariages forcés et sous-scolarisation ont des femmes à leur tête. Ce fut le cas en Inde avec Indira Gandhi, au Pakistan avec Benazir Bhutto, aux Philippines avec Cory Aquino et aujourd'hui Gloria Arroyo. Ce ne sont pas des dames de velours mais des dames de fer sans états d'âme. Du moins ont-elles le mérite du courage. Souvent fille ou épouse d'hommes politiques assassinés, elles leur succèdent, assumant le risque pour exercer le pouvoir.

Marcher pour faire savoir que l'on n'est « ni putes ni soumises »

Des « Marianne black, blanc, beur » exposées, en 2003, à la Chambre des députés à Paris. Une idée de plus du mouvement qu'anime Fadela Amara. Elle venait de SOS Racisme, de la Maison des Potes et s'engagea tôt dans ce combat. D'autres l'ont rejointe. En octobre 2002, elles ont commencé une longue marche pour faire savoir qui elles étaient, ce qu'elles voulaient, et leur appel aux états généraux des femmes des quartiers le définissait bien : « Nous, femmes vivant dans les quartiers de banlieues, issues de toutes origines, croyantes ou non, lançons cet appel pour nos droits à la liberté et à l'émancipation. Oppressées socialement par une société qui nous enferme dans les ghettos où s'accumulent misère et exclusion, étouffées par le machisme des hommes de nos quartiers qui au nom d'une "tradition" nient nos droits les plus élémentaires, nous affirmons ici notre volonté de conquérir nos droits, notre liberté, notre féminité. » Elles ont été entendues. Mais leur lutte sera longue.

les femmes dans l'action

OLVIDEN
BORREN DE
MIREN

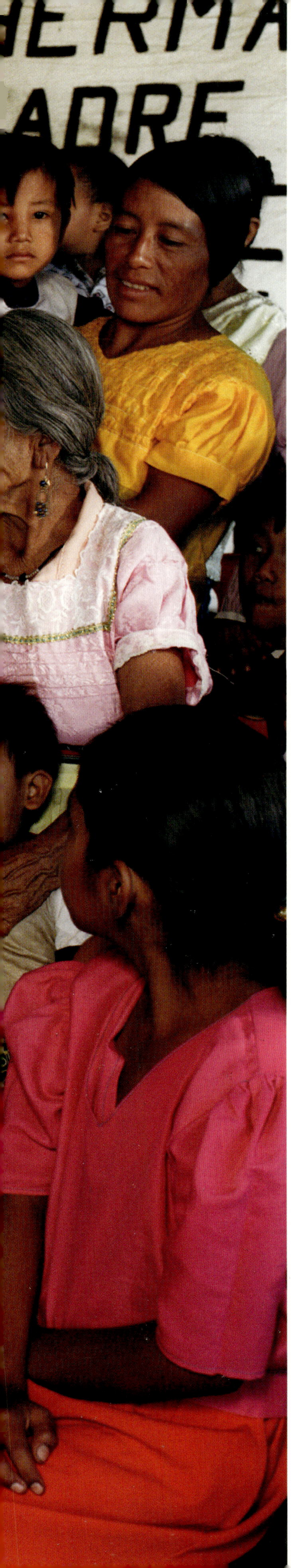

Dévouer sa vie à son peuple déshérité : Rigoberta Menchù

Elle a reçu, en 1992, le prix Nobel de la paix, qui fut rarement autant justifié. Née au Guatemala, chez les Mayas Quiche, elle travaille à 8 ans dans des plantations où périssent deux de ses frères. Déjà, elle se révolte, et il ne lui faudra pas longtemps pour devenir porte-parole des Indiens dépossédés de leurs terres. Puis les horreurs se succèdent : frère torturé et brûlé vif sous les yeux de sa famille, père assassiné, mère violée et tuée. Elle s'enfuit au Mexique, comme beaucoup de ses compatriotes. De là, elle alerte la communauté internationale, crée un groupe de défense des droits humains et ne cesse de militer pour son pays natal où la rébellion démocratique est noyée dans le sang. En 1996, le gouvernement finit par négocier avec celle-ci des accords de paix. L'infatigable Maya réclame alors le retour des émigrés et la restitution de leurs terres. Depuis, elle ne cesse d'agir pour son peuple, la justice sociale, et s'attache aussi, désormais, à faire connaître la culture et la mystique mayas. Il est des gens que les horreurs durcissent, d'autres dont elles font des êtres lumineux. Rigoberta est de ceux-là.

Écrire pour faire comprendre : Toni Morrison

Elle est une des neuf femmes à avoir reçu le prix Nobel de littérature, en 1993, pour *Jazz*. Avec chacun de ses livres, *L'Œil le plus bleu*, *Sula*, *La Chanson de Salomon*, *Beloved*, elle a moissonné des lauriers. Elle a multiplié les activités : professeur d'anglais à Harvard, figure de proue chez Random House, prestigieux éditeur new-yorkais, titulaire de la chaire Albert Schweitzer à l'Université de New York. Elle collectionne les titres : membre de plusieurs académies, coresponsable de la commission Schomburg pour la préservation de la culture noire. Ce sont finalement des détails que l'on oubliera. Mais pas ses ouvrages. Pas la force, la violence avec laquelle elle fait comprendre l'identité noire américaine, sa richesse, l'esclavage, les ghettos de Harlem, les femmes dans leur misère et leur grandeur. Avec sa plume, elle a fait avancer d'un grand pas la compréhension de « l'autre ».

Filmer pour briser le silence : Samira Makhmalbaf

Et arriva celle que l'on n'attendait pas au festival de Cannes 1998. Une très jeune femme iranienne, réservée, timidement souriante, toute de noire vêtue, jusqu'au foulard : elle avait 18 ans et recevait, pour son premier long métrage *La Pomme*, la caméra d'Or. Puis elle a récidivé avec *Le Tableau noir*, film sur l'éducation tourné à la frontière du Kurdistan, une participation remarquée à *11 septembre 2002*, florilège sur le thème de l'attentat du World Trade Center, où elle avait trouvé sa place parmi les plus grands, entre autres Sean Penn, Ken Loach, Amos Gitai. En 2003, elle était de nouveau à Cannes avec *À cinq heures de l'après-midi*, prix du Jury : une Iranienne racontant une Afghane de Kaboul, tout en nuances, en sensible intelligence. Samira, fille d'un célèbre réalisateur iranien, n'est pas une pétroleuse. Simplement une jeune femme qui fait son chemin, sans provocation. Elle n'en touche que davantage. Par ce qu'elle est, prudente autant que décidée, parce que c'est une musulmane sage qui rompt le silence des femmes, et par ce qu'elle donne à comprendre, dans et entre les images.

Parvenir à ses fins : Claire Gibault

L'exultation sur le visage, au milieu de la troupe, Claire Gibault dirige *West Side Story*. Une femme chef d'orchestre, qui l'aurait imaginé il n'y a pas même vingt ans ? La musique classique a derrière elle une longue tradition conservatrice, solidement machiste. Claire Gibault, folle de musique dès son enfance, n'en a eu cure. En 1969, elle est la première femme à décrocher le premier prix de direction d'orchestre du Conservatoire national de Paris. Le quotidien *France-Soir*, époustouflé, en fait un titre de une. Depuis, elle a mené son chemin, animant un atelier à l'opéra de Lyon, invitée à la Scala de Milan, au Covent Garden de Londres, au Philarmonique de Berlin, au festival d'Édimbourg, mais toujours avec, en arrière-plan, ce qui la motive le plus : rendre l'opéra, la musique classique et la musique contemporaine accessibles au plus large public possible. Elle n'est pas seule au monde. Des dizaines de Japonaises, Italiennes, Américaines, Chinoises, Anglaises, Russes, Polonaises, tiennent également la baguette. Au train où elles avancent, bientôt elles n'étonneront même plus.

Suivre sa voie hors des sentiers battus : Fabienne Verdier

Beaucoup de femmes peignent. Il y a longtemps déjà et cela n'a rien de particulier. En revanche, Fabienne Verdier, ici en plein geste créateur, mène une aventure exceptionnelle. Après avoir étudié la peinture aux beaux-arts de Toulouse, avec l'intention un peu floue de devenir peintre animalier, elle a rencontré la calligraphie chinoise. Elle avait trouvé sa voie. Pendant dix ans, seule femme occidentale à avoir jamais réussi à s'en faire admettre, elle a étudié auprès de vieux maîtres chinois, travaillant sans relâche cet art subtil où tout est dans le geste, comme dans la pratique d'un art martial.
Elle l'a si parfaitement intégré, dans son esprit et sa philosophie, qu'elle est devenue maître à son tour, reconnue dans le monde entier, et même, sans le dénaturer, le renouvelle en y apportant sa propre technique et ses couleurs inspirées des grands peintres flamands. « Sa vie, dit-elle, a été un mélange de rencontres fondamentales et de volonté inébranlable. » L'une comptant autant que les autres.

les femmes dans l'action

Aller jusqu'au bout de l'aventure : Ellen MacArthur

Elle aurait dû mener la vie rangée d'une calme jeune fille du Derbyshire. À 18 ans, une mononucléose la cloue au lit. Elle voit à la télévision le départ de la Whitbread, la course autour du monde, et prend en plein cette déferlante : sa vie, ce sera la mer et l'aventure. Elle apprend. Avec son premier petit bateau de 6 mètres, acheté à force d'économies, elle se lance, seule à bord, dans sa première expédition, modeste : un tour de la Grande-Bretagne. Aujourd'hui, à 28 ans, elle est l'un des meilleurs marins du monde et n'avoue qu'une peur : la perspective d'une vie rangée, sans incertitudes, sans frissons.

Casser le cliché de « la cuisine de femme » : Hélène Darroze

C'était une idée communément admise : elles cuisinent bien mais sont limitées à la cuisine traditionnelle, qui reproduit mais n'invente pas. Anne-Sophie Pic à Valence et Hélène Darroze à Paris, avec chacune deux macarons au Michelin, démontrent le contraire, dans une profession encore fort peu paritaire. Descendante d'une dynastie de restaurateurs-hôteliers, Hélène a gardé les savoir-faire de la tradition familiale et y greffe sa créativité. « Hommes et femmes, dit-elle, on ne ressent pas les choses de la même façon, mais il n'existe qu'une seule cuisine, celle qui, liée à une sensibilité, vient de soi. » Il suffisait d'oser.

esa

Vivre son rêve jusqu'au cosmos : Claudie Haigneré

Radieuse, entourée de ses camarades russes, elle revient de son séjour sur la station orbitale Mir et pose le pied sur le sol du Kazakhstan. Elle est loin d'être la première femme cosmonaute. Valentina Terechkova, la Russe, ouvrit le chemin. Des Américaines à leur tour s'envolèrent, dont une y laissa la vie. Mais le nombre de degrés qu'elle a franchis, sans se décourager pour atteindre son but, est impressionnant : médecine spécialité rhumatologie, doctorat de sciences, six ans au laboratoire de physiologie sensorielle du Centre national de la recherche scientifique, responsable des programmes de médecine spatiale du Centre national d'études spatiales, etc. En mai 1998, elle rejoint la cité des Étoiles comme astronaute suppléante sur Mir et suit un entraînement complet d'ingénieur cosmonaute sauveteur de vaisseau spatial. Et c'est enfin en 2002 qu'elle s'envole pour la mission Andromède et peut tutoyer le cosmos. Aujourd'hui, elle est ministre déléguée à la Recherche et aux Nouvelles Technologies. Les dossiers de son ministère doivent lui paraître bien terre à terre.

Écrire et se rebeller : Arhundadi Roy

On la connaît surtout pour son roman, *Le Dieu des petits riens*, qui enthousiasma le monde des livres. Une œuvre puissante, construite en labyrinthe autour d'une famille complexe et cocasse. À la fois récit d'un drame, avec, en son centre, une femme coupable d'amour avec un intouchable, et fresque du Kerala, cadre de l'histoire et de l'Inde d'aujourd'hui dans son extrême complexité culturelle, son malaise entre la modernité et la persistance des préjugés culturels et religieux archaïques. Là, se révèle l'autre face de la jeune femme : la rebelle, militante, féministe et écologiste. En 1999, elle publiait *Le Coût de la vie*, deux essais de même virulence, l'un où elle s'élève contre une politique de barrages qui risque de détruire les villages de milliers de paysans intouchables, l'autre où elle dénonce la politique nucléaire de l'Inde et du Pakistan. Au moment du conflit en Irak, elle a pris position avec la même violence contre les bellicistes. Prix de l'Académie universelle des cultures « pour son engagement et sa lutte au service de la défense des droits de l'homme dans son pays », la rebelle se rebellera encore.

Crédits photographiques

Page 1 : L. Johnson/Aurora/Cosmos ; 2 : L. Monlaü/Rapho ; 4 de haut en bas : G. Pinkhassov/Magnum · C. de Torquat · S. Leen/Cosmos ; 5 de haut en bas : J.-C. Meyer/Tendance Floue · P. de Vallombreuse · R. Haidar/AFP ; 6 : G. Planchenault/ANA ; 9 : D. Kellner-E. Valli ; 10 : G. Pinkassov/Magnum ; 13 : D. A. Harvey/Magnum ; 14 : S. Rao/Métis/Editing Server ; 15 : L. Johnson/Aurora/Cosmos ; 16-17 : P. Jones Griffiths/Magnum ; 18 : S. Zuder/Bildeberg/Studio X ; 19 : M. Garçon ; 20-21 : F. Husain/PhotoInk/Contact ; 22 : M. Muratet/Editing Server ; 23 : Atlas Photography/Sipa Press ; 24-25 : C. Beckwith et A. Fisher/R. Estall Photo Agency ; 26-27 : C. Doury/Vu ; 28 : M. Garçon ; 29 : I. Berry/Magnum ; 30-31 : D. Stewart-Smith/Katz/Cosmos ; 32 : L. Taylor/ANA ; 33 : N. Wier/Corbis ; 34-35 : G. Rigoulet ; 36-37 : J. Eastscott/Momativk/Woodfin Camp/Cosmos ; 38 : S. Nackstrand/AFP ; 39 : P. Ginter/Bildeberg/Studio X ; 40-41 : L. Greenfield/VII ; 42 : C. de Torquat ; 45 : Reza/Webistan ; 46-47 : E. Sampers/Explorer/Hoa-Qui ; 48 : E. Kashi/Rapho ; 49 : R. Harding Picture/Explorer ; 50-51 : L. Sarfati/Magnum ; 52-55 : M. Farlow/Aurora/Cosmos ; 56 : R. van der Hilst ; 57 : Y. Layma/Explorer ; 58-59 : S. Pensotti ; 60 : C. Dubois ; 61 : H. Bamberger/ Cosmos ; 62-63 : R. van der Hilst ; 64-65 : S. Leen/Matrix/Cosmos ; 66-67 : A. Griffiths Belt/Cosmos ; 68-69 : E. Sampers/Explorer/Hoa-Qui ; 70 : L. Taylor/ANA ; 71 : Reza/Webistan ; 72-73 : M.-P. Nègre/Métis/Editing Server ; 74-77 : R. van der Hilst ; 78 : V. Merle ; 79 : R. van der Hilst ; 80-81 : C. Doury/Vu ; 82 : S. Leen/Cosmos ; 85 : P. Essick/Aurora/Cosmos ; 86 : M. Jacob/Tendance Floue ; 87 : G. Rigoulet ; 88-89 : L. Johnson/Aurora/ Cosmos ; 90 : M. Garçon ; 91 : J. Pinneo/Cosmos ; 92-93 : Y. Gellie ; 94 : P. Maitre/Cosmos ; 95 : Hutchison Library ; 96-97 : R. van der Hilst ; 98-99 : C. Henriette/Hoa-Qui ; 100 : C. Garcia Rodero/Vu ; 101 : Dilip Meta/Contact Press Images ; 102-103 : D. Kellner ; 104-105 : M. Huteau/ANA ; 106-107 : M. Freeman/ANA ; 108 : A. Griffiths Belt/Woman in the world/Cosmos ; 109-111 : R. van der Hilst ; 112-113 : G. Rigoulet ; 114 : Hien Lam Duc/Editing Server ; 115 : I. Eshraghi/Vu ; 116-117 : S. Maze/Cosmos ; 118-119 : M. Dewever-Plana/Vu ; 120-121 : R. van der Hilst ; 122 : J.-C. Meyer/Tendance Floue ; 125 : A. Boulat/VII ; 126 : A. Lestido/Vu ; 127 : A. d'Agata/Vu ; 128-129 : I. Eshraghi/Vu ; 130 : P. et M. Maréchaux ; 131 : P. de Vallombreuse ; 132-133 : M. Dorigny/Sipa Press ; 134-135 : P. de Vallombreuse ; 136 : H. Bamberger/Cosmos ; 137 : Abbas/Magnum ; 138-139 : H. Bamberger/Cosmos ; 140-141 : R. van der Hilst ; 142 : P. de Vallombreuse ; 143 : R. van der Hilst ; 144-145 : A. Boulat/VII ; 146-147 : J. E. Atwood/Vu ; 148 : M. Dorigny/Sipa Press ; 149 : F. Acerbis/Editing Server ; 150-151 : M. Jacob/Tendance Floue ; 152-153 : P. de Vallombreuse ; 154-155 : A. Boulat/VII ; 156 : P. de Vallombreuse ; 159 : A. Woolfit/Corbis ; 160-161 : F. Huguier/Rapho ; 162 : S. Pensotti ; 163 : M. Huteau/ANA ; 164 : P. Lissac/Hoa-Qui/Explorer ; 165 : X. Zimbardo/Hoa-Qui ; 166 : S. Pensotti ; 167 : C. Beckwith et A. Fisher/ R. Estall Photo Library ; 168-169 : L. Greenfield/VII ; 170-171 : V. Durruty/Hoa-Qui ; 172 : S. Pensotti ; 173 : C. et J. Lenars/Corbis ; 174-175 : E. Valli-D. Kellner ; 176 : G. Rigoulet ; 177 : S. Pensotti ; 178 : M. Goddard/Corbis ; 179 : R. Hartman/Corbis ; 180 : C. et B. Desjeux ; 181 : M. Renaudeau/Hoa-Qui ; 182 : C. Beckwith et A. Fisher/R. Estall Photo Library ; 183 : S. Pensotti ; 184 : H. Bamberger/Cosmos ; 185 : C. Wolinsky/Cosmos ; 186 : G. Rigoulet ; 187 : Y. Gellie-P. Maitre ; 188-189 : L. Greenfield/VII ; 190 : Y. Gellie ; 191 : D. Dailleux/Vu ; 192-193 : R. van der Hilst ; 194 : R. Haidar/AFP ; 197 : P. de Vallombreuse ; 198-199 : P. Lopparelli/Tendance Floue ; 200-201 : J. Daniel/L'Œil Public ; 202 : Reuters ; 203 : M. Ceneta/Gamma ; 204-205 : R. Lemoyne/Liaison/Sipa Press ; 206 : M. Garçon ; 207 : P. Rahman/AP/Sipa Press ; 208-209 : Courtesy Kate Barry ; 210-211 : M. Pelletier/Corbis Sygma ; 212 : S. E. Leskovits/Corbis Outline ; 213 : reportage n° 397128/Sipa Press ; 214-215 : M. Pelletier/Corbis Sygma ; 216-217 : N. Darbellay/Corbis Sygma ; 218 : Vandystadt ; 219 : M. Rougemont/Rapho ; 220-221 : ESA/CNES/Corvaja/Corbis Sygma ; 222-223 : R. van der Hilst.

Remerciements

Eve Zheim remercie Sophie Malexis, ainsi que Jean Goussebaire, Florent de Arriba et les iconographes des agences photographiques, dont le soutien et les initiatives ont enrichi sa recherche.

Éditions SOLAR
Direction : Dominique Raynal
Responsable éditoriale : Suyapa Granda Bonilla
Conception graphique et réalisation : Studio Chine
Iconographie : Eve Zheim
Édition : Sylvie Gauthier
Secrétaire d'édition : Aurélie Baudrier
Gravure : Articrom, Italie

Si vous souhaitez recevoir le catalogue des Éditions SOLAR, envoyez votre demande à l'adresse suivante :
Éditions SOLAR, 12, avenue d'Italie, 75013 Paris
Internet : www.solar.tm.fr

Éditions GEO
Direction éditoriale : Jean-Luc Marty
Direction du développement : Dominique Fleurmont et Pierre-Olivier Bonfillon

Si vous souhaitez recevoir le catalogue des Éditions GEO, envoyez votre demande à l'adresse suivante :
Éditions GEO, 62067 Arras Cedex 9
Internet : www.geomagazine.fr

ISBN : 2-263-03333-5
Code éditeur : S03333
1re édition
Dépôt légal : octobre 2003
Imprimé et relié par Mame Imprimeurs, Tours, France